WIE
SCHMECKT'S
Q=cmΔt
ソードアート・オンライン

Vanessa Gierszewski alias

MALWANNE

Wie schmeckt's?

– VANESSA GIERSZEWSKI –

Wie schmeckt's?

ALIAS MALWANNE

KANN ZU
HEISSHUNGER-ATTACKEN
FÜHREN!

Community EDITIONS

IMPRESSUM

MIX
Papier aus verantwortungsvollen Quellen
FSC® C106632

2. Auflage

Zülpicher Platz 9
50674 Köln

Texte und Rezepte: Vanessa Gierszewski alias Malwanne

Rezeptfotos: © Vanessa Gierszewski, Timo Braunisch

Cover-Sticker und Abbildungen S. 5, 8, 16/17, 48/49, 92/93, 122/123, 140/141: © Robert W. Schönholz / Studio71 GmbH

Hair & Make-up Cover-Sticker und Abbildungen S. 5, 8, 16/17, 48/49, 92/93, 122/123, 140/141: Petra Visic

Covergestaltung, Layout, Design und Satz: BUCH & DESIGN Vanessa Weuffel

Illustrationen: © BUCH & DESIGN Vanessa Weuffel

Redaktion: Mirka Uhrmacher

Gesetzt aus der Archer © Hoefler & Co., DIN Condensed © Manvel Shmavonyan,
Lemon Tuesday © Daria Kwon und der Jeronimo © Nicky Laatz

Gesamtherstellung: Community Editions GmbH

ISBN 978-3-96096-080-5

Printed in Poland

www.community-editions.de

IRGHS!
!!
ZZZZZ ...

Hallo Leute,

HIER IST WIEDER EURE MALWANNE! Dieses Mal darf ich dich aber nicht auf meinem YouTube-Kanal begrüßen, sondern in meinem ersten Kochbuch!

Falls du vorher noch nie etwas von mir gehört hast, dann stelle ich mich kurz vor. Mein Name ist Vanessa, und ich lade seit 2014 Videos auf meinem YouTube-Kanal »Malwanne« hoch. Ursprünglich wirklich, um dort zu malen, doch seit über zwei Jahren beschäftige ich mich fast hauptsächlich mit dem Kochen, genauer gesagt: dem NACHkochen von Gerichten, die ich in meiner Kindheit und in heutigen Lieblingsfilmen und -serien gesehen habe und immer schon mal probieren wollte. Da kommt der Name »Wie schmeckt's?« auch her, denn genau das habe ich mich oft gefragt. Wie schmeckt nun das Käsebrot aus »Heidi«, das sie und der Ziegenpeter immer so gerne essen? Wie schmecken die Donuts aus den »Simpsons«, von denen Homer nicht die Finger lassen kann? Und wie könnte bloß der Geburtstagskuchen, den Hagrid für Harry Potter so liebevoll zubereitet hat, schmecken?

Mich haben diese Fragen einfach nicht losgelassen, und deswegen habe ich angefangen, die Gerichte, die ich auf der Leinwand oder dem heimischen Fernseher gesehen habe, so originalgetreu wie möglich nachzukochen. Ein paar Rezepte aus diesem Buch habe ich bereits in meinen Videos zubereitet, also schau gerne mal auf meinem Kanal vorbei! Viele aber sind komplett neu, wurden von mir akribisch recherchiert – und manche musste ich auch einfach abwandeln, weil sie wirklich von einem ganz merkwürdigen Geschmack zeugten. Oder will jemand ernsthaft Fischstäbchen mit Vanillesoße essen, wie bei »Doctor Who« gesehen? Na also!

Ich habe viele Stunden in der Küche gestanden, habe experimentiert, manchmal geflucht, mir die Finger verbrannt, aber letztlich doch immer etwas Schmackhaftes und Ansehnliches auf die Teller gebracht. Jetzt ist es an der Zeit, dass du zusammen mit mir herausfinden kannst, wie all diese Leckereien schmecken. Koch dich durch meine Sammlung aus Rezepten für gemeinsame Filmabende, Mottopartys und Heißhunger-Attacken und befriedige deine Neugier und deinen Gaumen! Und wenn du mal etwas Hilfe brauchst, mein Format »Wie schmeckt's?« ist nur einen Klick entfernt. Dort zeige ich dir, wie du auch als Anfänger tolle Gerichte, Desserts und Snacks zubereiten kannst.

Ich wünsche dir viel Spaß und vor allem: *Guten Appetit!*

Wenn du Lust hast, schieß gerne ein Foto von deinem Ergebnis und poste es unter dem Hashtag **#WIESCHMECKTS** auf Instagram! Ich bin gespannt, was du zauberst!

Tools

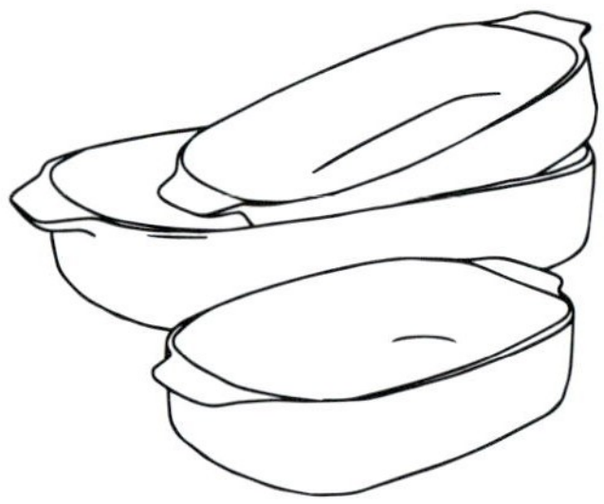

AUFLAUFFORMEN

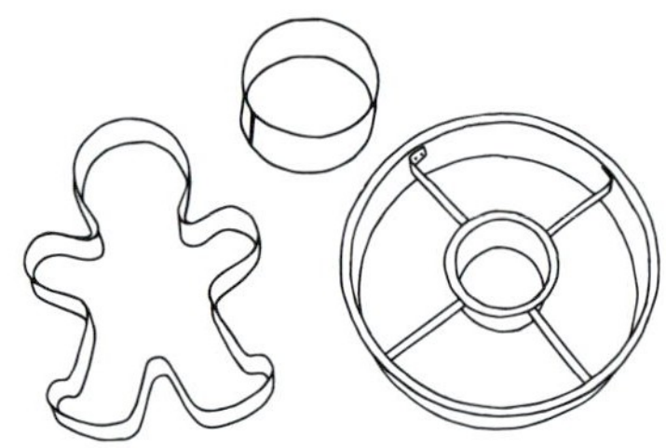

AUSSTECHFORMEN

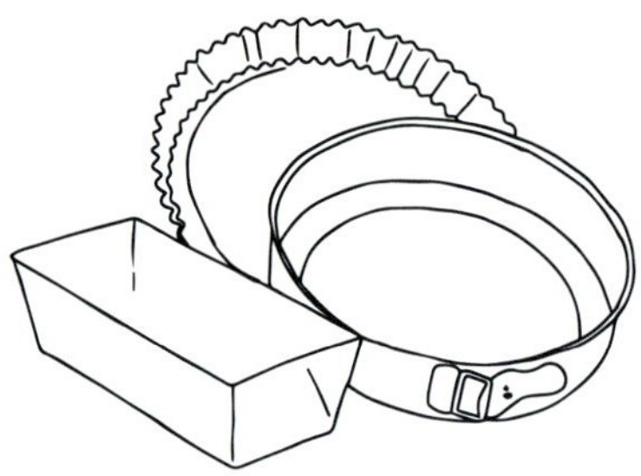

BACKFORMEN

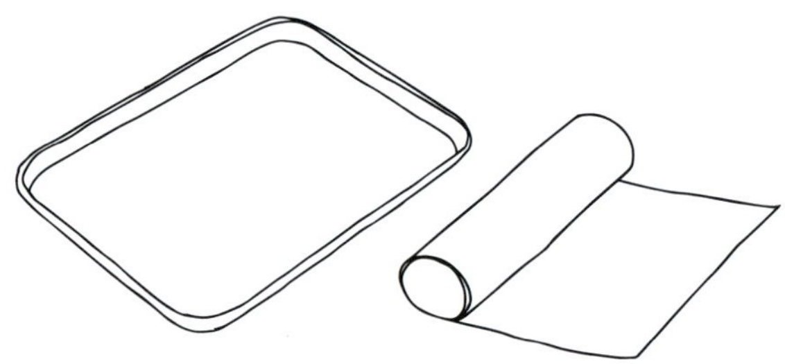

BACKPAPIER + BACKBLECH

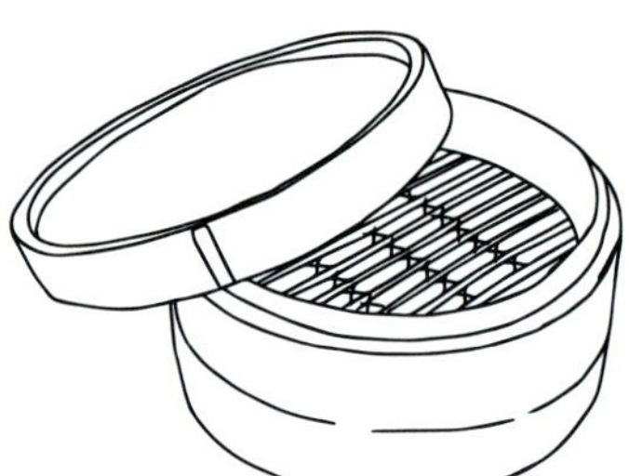

BAMBUS-DAMPFGARER

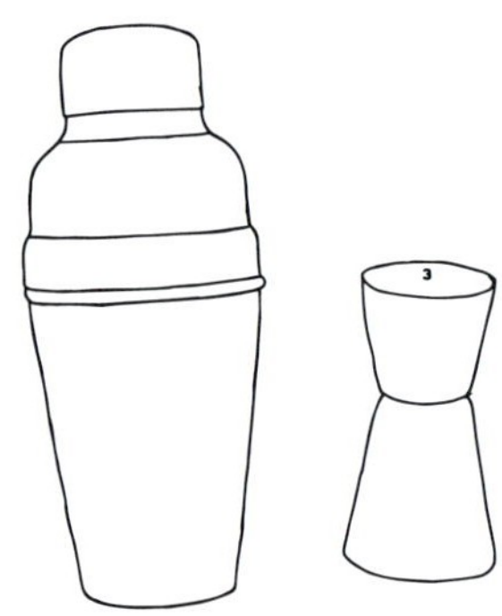

COCKTAILSHAKER UND -MESSBECHER

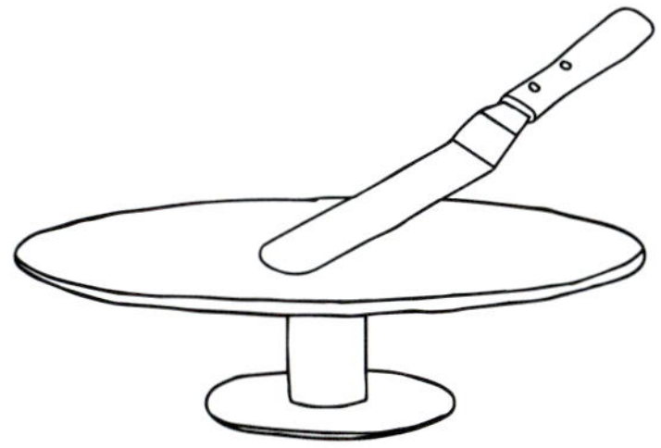

DREHBARER TORTENBODEN
UND WINKELPALETTE

FEINES SIEB

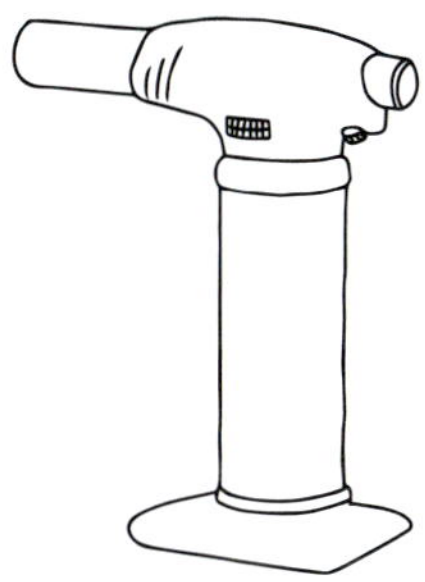

FLAMBIERBRENNER

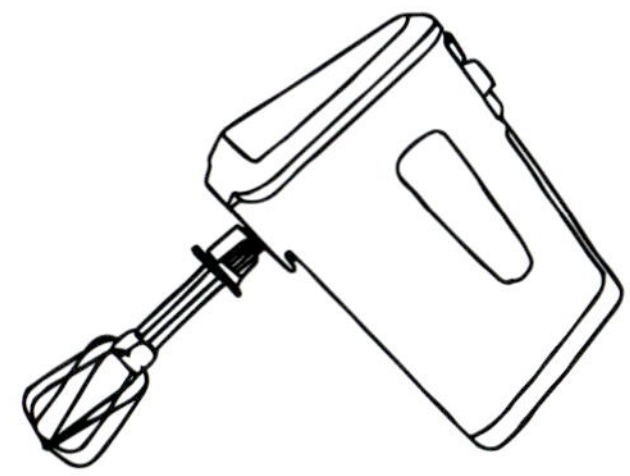

HANDRÜHRGERÄT

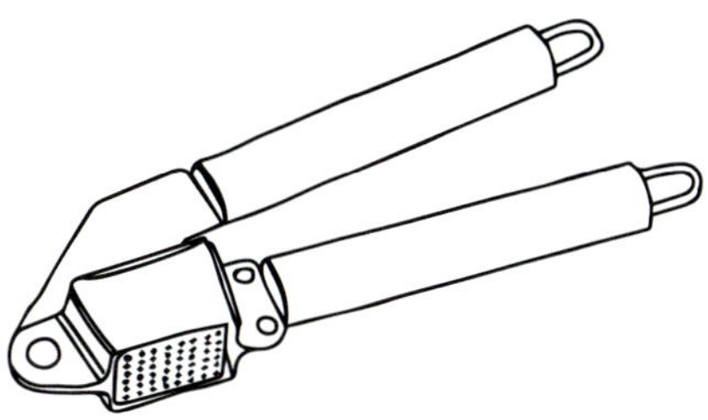

KNOBLAUCHPRESSE

KÜCHENLÖFFEL

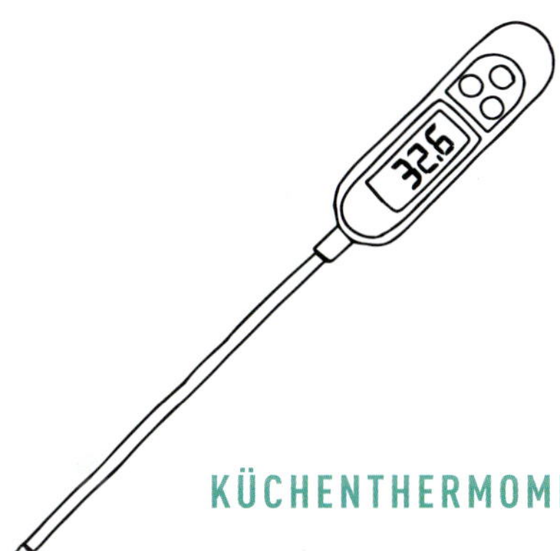

KÜCHENTHERMOMETER

LEBENSMITTELPINSEL

MESSBECHER

MÖRSER

MUFFIN-FORM

NUDELHOLZ

PFANNEN

PÜRIERSTAB

REIBE

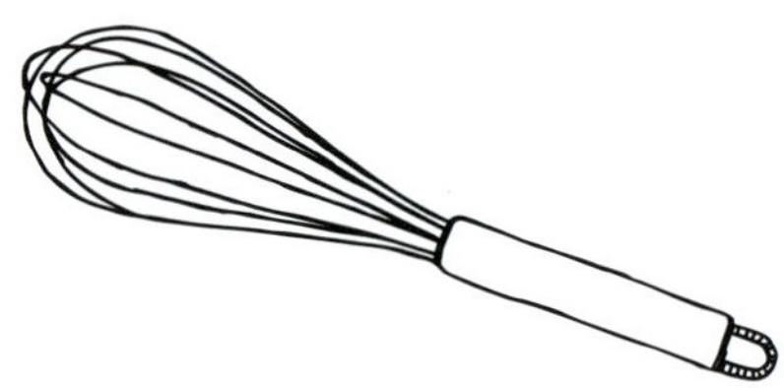

RÜHRBESEN / SCHNEEBESEN

SCHÖPFKELLE

SCHÜSSELN

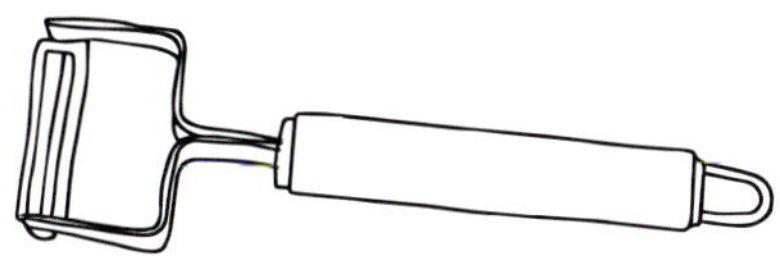

SPARSCHÄLER

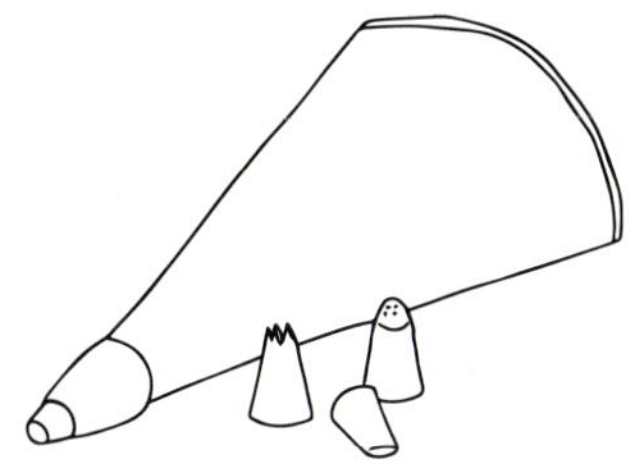

SPRITZBEUTEL

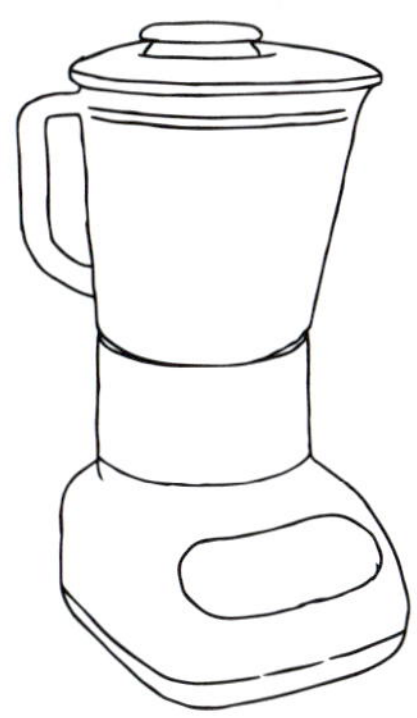

STANDMIXER

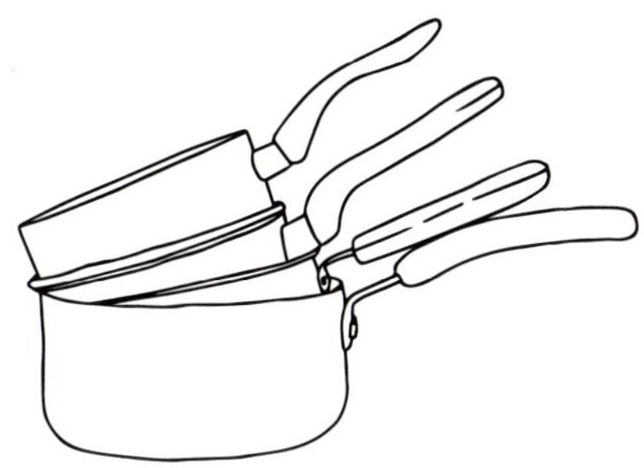

TÖPFE

ABKÜRZUNGEN:

cl – Zentiliter	geh. – gehäuft (ein übervoller Löffel)
ml – Milliliter	gestr. – gestrichen (bis zum Rand des Löffels gefüllt)
l – Liter	Msp. – Messerspitze
g – Gramm	ger. – gerieben
EL – Esslöffel	getr. – getrocknet
TL – Teelöffel	TK – tiefgekühlt
kl. – klein	Pck. – Packung

Basics

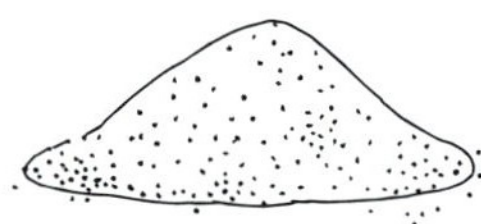

BACKPULVER

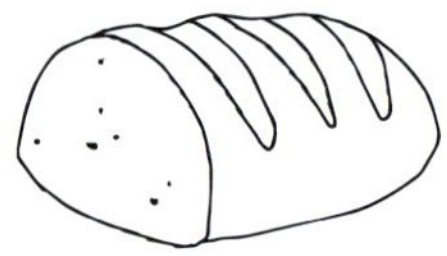

BROT

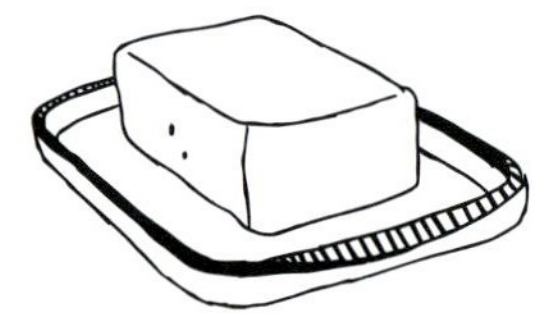

BUTTER

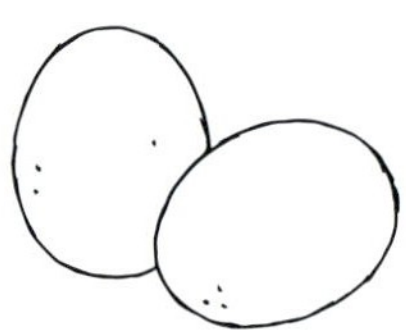

EIER

GEMÜSEBRÜHE

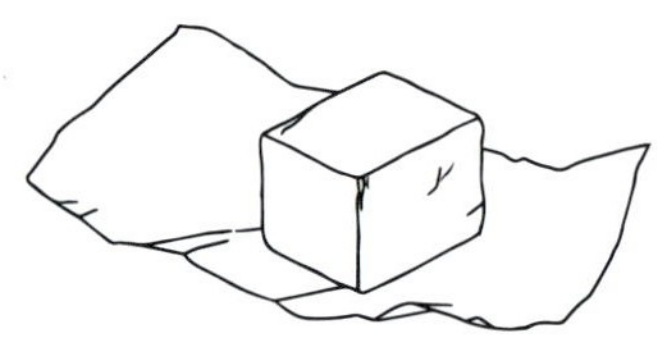

HEFE

HONIG

KNOBLAUCH

KRÄUTER (GETR. ODER TK)

MEHL

MILCH

NUDELN

OLIVENÖL

PFEFFER

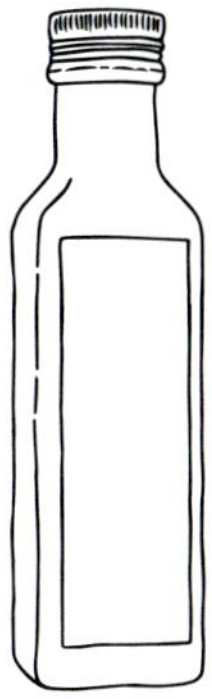

PFLANZENÖL

REIS

SAHNE

SALZ

SPEISESTÄRKE

TOMATENMARK

VANILLE (EXTRAKT)

VANILLEZUCKER

ZUCKER

ZWIEBELN

Kinofilme

OB FÜRS ERSTE DATE, als Familienausflug oder einfach mit den besten Freunden – Kino geht immer. Was gibt es auch Schöneres als die Vorfreude auf einen guten Film, den Geruch von frischem Popcorn, wenn das Licht langsam dunkler wird und alle um einen herum verstummen … (Macht die Handys im Kino aus. Echt jetzt!) Und natürlich die endlos langen Filmanalysen auf der Heimfahrt! In mancher Perle der Schauspielkunst ist auch das Essen ein Thema. Mal eher subtil und nur am Rande, mal als Hauptzutat des Drehbuchs. Ein genauer Blick lohnt sich!

ZUTATEN

150 g Mehl
100 g Haferflocken
1 TL Backpulver

1 gestr. TL Salz

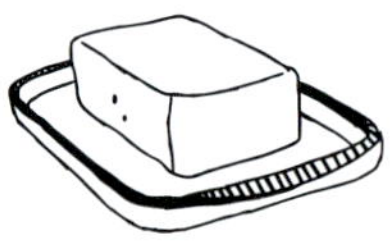

150 g Butter

50 ml Sahne

1 EL Honig

100 ml Wasser
Mehl zum Ausrollen

Wie schmeckt das Lembasbrot aus »Herr der Ringe – Die Gefährten«?

Legolas erklärt den Hobbits Merry und Pippin, dass schon ein kleiner Bissen des Elbenbrotes genügt, um den Magen eines ausgewachsenen Mannes zu füllen. Um einen Hobbitmagen zu füllen, braucht es natürlich deutlich mehr.

SCHRITT 1

MEHL, **HAFERFLOCKEN**, **BACKPULVER** und **SALZ** in einer Schüssel vermischen.

SCHRITT 2

Nun **BUTTER**, **SAHNE**, **HONIG** und **WASSER** hinzugeben und alles gut verrühren. Der Teig wird sehr flüssig werden, das soll aber so sein.

SCHRITT 3

Den Teig für mindestens 1 Stunde abgedeckt bei Zimmertemperatur stehen lassen, damit die Haferflocken aufquellen. Danach ist der Teig fest genug, um ihn weiterzuverarbeiten.

SCHRITT 4

Den Teig auf einer bemehlten Fläche ausrollen und in Quadrate schneiden.

SCHRITT 5

Die Quadrate auf ein mit Backpapier ausgelegtes Backblech legen und für ca. 25 Min. bei 180 Grad (Umluft) im vorgeheizten Backofen backen.

NOTIZEN

ZUTATEN FÜR 2 PORTIONEN:

FÜR DIE NUDELPLATTEN:

200 g Mehl (Type 550)

Salz

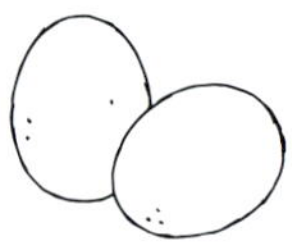

2 Eier
ggf. Wasser
Fett für die Form

FÜR DIE FÜLLUNG:

200 g (vegetarisches) Hackfleisch
1 EL Olivenöl
300 ml Wasser

100 ml passierte Tomaten
1 Pck. Gewürzmischung für Lasagne
50 g Crème fraîche
50 g geriebener Käse

AUSSERDEM:

Auflaufform

Wie schmeckt die Lasagne aus »Garfield 2«?

Für Garfield ist die Lasagne die absolute Krönung der kulinarischen Schöpfung. Sie begleitet den Kater bereits seit 1978 und hat ihm sogar schon das Leben gerettet. Im zweiten Kinofilm helfen ihm eine ganze Reihe Tiere bei der Zubereitung seiner weltberühmten Leibspeise.

✷ ✷

SCHRITT 1

Für die Nudelplatten das **MEHL** auf eine Arbeitsfläche schütten, sodass ein kleiner Berg entsteht. 1 Prise **SALZ** darüberstreuen und mit den Fingern eine Mulde eindrücken. Die **EIER** hineingeben und mithilfe einer Gabel mit dem Mehl verrühren. Danach das Ganze ausgiebig – wirklich ausgiebig! – zu einem Teigball kneten. Wenn der Teig zu trocken oder zu feucht ist, entweder etwas Mehl oder tröpfchenweise **WASSER** hinzufügen. Der Teig sollte fest sein, aber nicht bröckeln oder kleben. Anschließend für 30 Min. abgedeckt ruhen lassen.

SCHRITT 2

Für die Füllung das **HACK** im **ÖL** anbraten. **WASSER**, **PASSIERTE TOMATEN** und **FERTIGMISCHUNG** hinzufügen und gut verrühren. Anschließend 1 Min. aufkochen lassen, dann zur Seite stellen.

SCHRITT 3

Den Teig dünn ausrollen. Am einfachsten klappt das mit einer Nudelwalze. 3–4 mm sind perfekt. Danach in die richtige Größe für die Auflaufform schneiden.

SCHRITT 4

In der gefetteten Auflaufform Lasagneplatten und Füllung abwechselnd aufeinanderschichten. Als letzte Schicht die **CRÈME FRAÎCHE** benutzen. Den **KÄSE** darüberstreuen und bei 180 Grad (Umluft) für 25–30 Min. im vorgeheizten Backofen backen.

NOTIZEN

Warum eine Fertigmischung? Na ja, weil es witzig ist, ein »Auf die Tüte, fertig, lecker«-Rezept ins Kochbuch zu schmuggeln. Außerdem sieht man in der Filmszene an zwei Stellen deutlich eine Fertigtüte! Und wir wollen uns ja ans Original halten.

ZUTATEN FÜR 2 PORTIONEN:

1 geh. EL Mehl
1 geh. EL Speisestärke
½ TL Backpulver

Salz & Pfeffer
80 ml kaltes Wasser
80 g Kokosraspeln

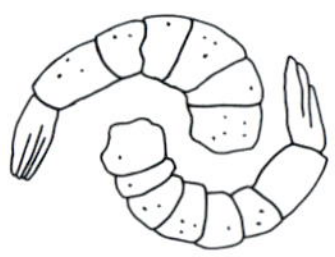

12 große Shrimps
(ca. 180 g, roh, ohne Darm)

Öl zum Frittieren

AUSSERDEM:

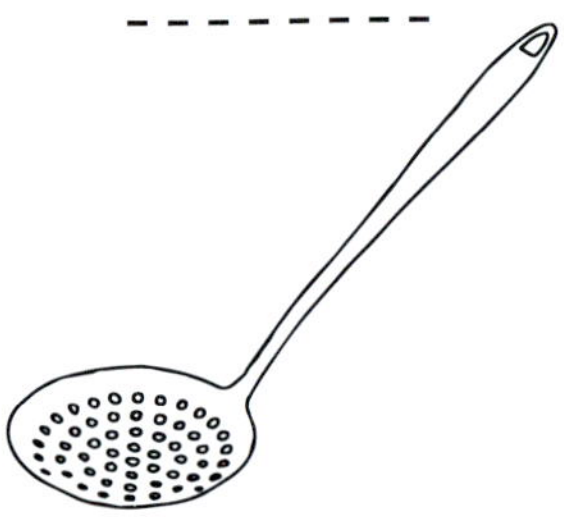

Schöpfkelle

Wie schmecken die Kokosnuss-Shrimps aus »Forrest Gump«?

Bubba schwärmt Forrest vor, dass man Shrimps auf viele verschiedene Arten zubereiten kann. Man kann sie am Spieß braten, auf den Grill legen, sautieren. Es gibt Shrimps-Kebab, Shrimps-Burger, Shrimps-Sandwich, Shrimps mit Gumbo …

SCHRITT 1

MEHL, **STÄRKE**, **BACKPULVER**, **SALZ**, **PFEFFER** und **WASSER** in einer Schüssel miteinander verrühren. Die Masse sollte eine klebrige Konsistenz haben, damit sie an den Shrimps haften bleibt.

SCHRITT 2

Die **KOKOSRASPELN** in eine zweite Schüssel geben.

SCHRITT 3

Die **SHRIMPS** bis zum Schwanz schälen, in die Masse eintunken und anschließend in den Kokosraspeln wälzen. Danach in einem Topf mit heißem **ÖL** ausbacken.

SCHRITT 4

Die Shrimps sind fertig, wenn die Panade einen goldbrauen Farbton hat. Dann kann man sie mit einer Schöpfkelle herausheben und auf Küchenpapier abtropfen lassen.

NOTIZEN

DAZU PASST:
Cocktail- oder Knoblauchsoße.

ZUTATEN FÜR 2 PORTIONEN:

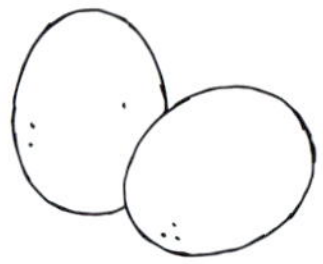

1 Eigelb

1 Handvoll frisch gehacktes Basilikum
50 g Paniermehl
250 g Rinderhack
Salz
Pfeffer
2 EL Pflanzenöl

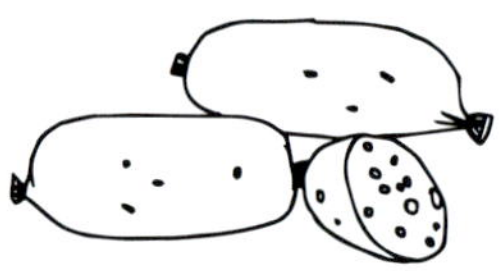

4 kleine Salsiccia-Würstchen
2 EL Olivenöl

1 Knoblauchzehe
1 Dose passierte Tomaten (400 g)
3 EL Tomatenmark

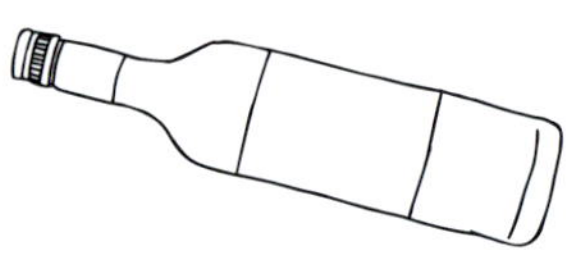

2 EL Rotwein
getr. Oregano
Zucker
250 g Spaghetti

Wie schmeckt die Pasta aus »Der Pate«?

Vito Corleone, der aktuelle Pate, sitzt mit seinen Männern zusammen, als sein jüngster Sohn Michael Corleone dazustößt. Peter Clemenza, einer der ältesten Freunde des Paten, kocht für alle und zeigt Michael bei dieser Gelegenheit sein Pasta-Rezept.

SCHRITT 1

EIGELB, **BASILIKUM** und **PANIERMEHL** zum **HACK** geben. Alles gut vermengen, mit **SALZ** und **PFEFFER** würzen. Dann kleine Bällchen formen.

SCHRITT 2

In einem großen Topf **ÖL** erhitzen. Die Fleischbällchen zusammen mit den **WÜRSTCHEN** im Topf rundherum goldbraun anbraten. Beides aus dem Topf nehmen und beiseitestellen.

SCHRITT 3

Im selben Topf das **OLIVENÖL** erhitzen und den geschälten **KNOBLAUCH** hineinpressen. **PASSIERTE TOMATEN**, **TOMATENMARK** und **ROTWEIN** zum Knoblauch hinzugeben. Die Würstchen in Scheiben schneiden und mit den Fleischbällchen wieder in den Topf geben. Gut verrühren und 15 Min. köcheln lassen. Zum Schluss mit **SALZ**, **PFEFFER**, **OREGANO** und **ZUCKER** abschmecken.

SCHRITT 4

Die **SPAGHETTI** in einem großen Topf nach Packungsanleitung in Salzwasser kochen, dann abgießen und mit der Soße servieren.

NOTIZEN

Wie schmeckt die blaue Suppe aus »Bridget Jones – Schokolade zum Frühstück«?

Bridget hatte endlich einen erfolgreichen Arbeitstag, und anlässlich ihres Geburtstages kocht sie für ihre besten Freunde. Sie folgt den Anweisungen im Kochbuch, bindet das Gemüse aber leider mit einem blauen Faden zusammen, der abfärbt. Insgesamt ist die blaue Suppe aber trotzdem das geglückteste Gericht des Abends.

ZUTATEN FÜR 2 PORTIONEN:

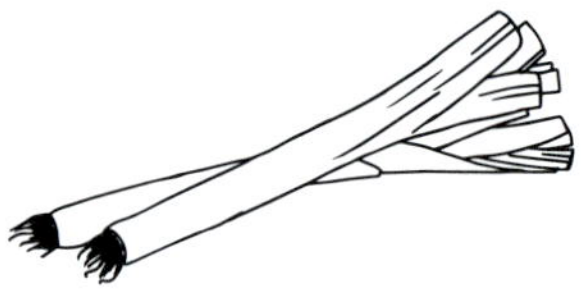

1 Stange Lauch

2 Knoblauchzehen
1 EL Pflanzenöl

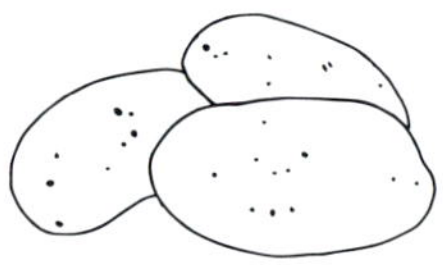

500 g Kartoffeln
1 Schuss Weißweinessig
500 ml Gemüsebrühe
200 ml Sahne
Salz
Pfeffer
blaue Lebensmittelfarbe

etwas frisch gehackte Petersilie

AUSSERDEM:

Pürierstab

SCHRITT 1

Den **LAUCH** waschen, putzen und in Ringe schneiden, den **KNOBLAUCH** schälen und in Scheiben schneiden. Beides mit etwas **ÖL** in einem Topf anschwitzen. Die **KARTOFFELN** schälen, in Würfel schneiden und zum Lauch geben. Mit **WEISSWEINESSIG** ablöschen.

SCHRITT 2

Das Gemüse mit der **GEMÜSEBRÜHE** aufgießen und alles bei geschlossenem Deckel 25 Min. köcheln lassen.

SCHRITT 3

Die Suppe mit einem Pürierstab pürieren, dabei die **SAHNE** dazugeben. Mit **SALZ** und **PFEFFER** abschmecken und ein wenig blaue **LEBENSMITTELFARBE** unterrühren. Zum Servieren mit etwas **PETERSILIE** verfeinern.

NOTIZEN

TIPP

Die Suppe schmeckt natürlich auch ohne blaue Lebensmittelfarbe. Aber wir wollen uns ja ans Original halten.

ZUTATEN FÜR 2 BURGER:

Pflanzenöl

1 Zwiebel

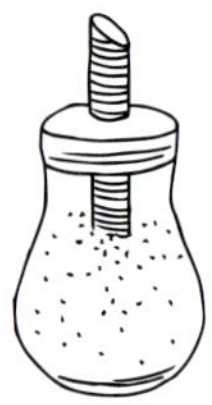

2 EL Zucker
250 g Rinderhack (oder 2 vegetarische Burgerpatties)
2 TL Teriyakisoße

Salz & Pfeffer
2 Scheiben Cheddar-Käse
einige Blätter Kopfsalat

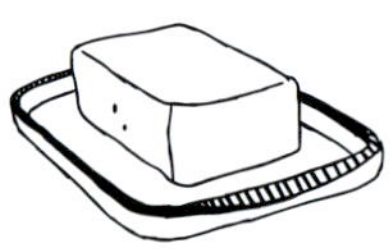

1 EL Butter
2 Brioche-Burgerbrötchen

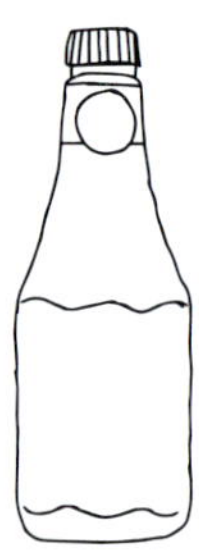

Ketchup

Wie schmeckt der Big Kahuna Burger aus »Pulp Fiction«?

Jules und Vincent statten Brett und seinen Freunden im Auftrag ihres Geschäftspartners Marselleus Wallace einen Besuch ab. Die Jungs „frühstücken“ gerade, und Brett lässt Jules von seinem Big Kahuna Burger probieren. Eine richtig nette, entspannte Begegnung.

SCHRITT 1

Das ÖL in einer Pfanne erhitzen. Die ZWIEBEL schälen, in Ringe schneiden und auf mittlerer Stufe 5 Min. glasig anbraten, danach den ZUCKER hinzugeben und weitere 4 Min. braten. Gelegentlich umrühren.

SCHRITT 2

Das HACK mit der TERIYAKISOSSE vermischen, mit SALZ und PFEFFER würzen und zwei Patties formen – oder vegetarische Burgerpatties verwenden. Die Zwiebeln aus der Pfanne nehmen und beiseitelegen. Erneut ÖL in die Pfanne geben und die Burgerpatties auf beiden Seiten 5 Min. braten. Bevor die Patties aus der Pfanne genommen werden, CHEDDAR-KÄSE auf sie legen und schmelzen lassen.

SCHRITT 3

Einige Blätter KOPFSALAT klein schneiden. In einer kleinen Pfanne die BUTTER erhitzen und die BRÖTCHENHÄLFTEN auf mittlerer Stufe kurz darin anbräunen.

SCHRITT 4

Die Burgerbrötchen aus der Pfanne nehmen und mit ZWIEBELN, BURGERPATTIES, KETCHUP und SALAT belegen.

NOTIZEN

»BIG KAHUNA«
ist eigentlich nur der Name der Fast-Food-Kette, nicht des Burgers. Im Film ist es ein Cheeseburger, daher kommt hier im Rezept auch der Cheddar zum Einsatz.

ZUTATEN FÜR
2 PORTIONEN:

2 rote Tomaten
2 gelbe Tomaten
1 Kumato-Tomate

1 Knoblauchzehe

1 EL frisch gehackte Petersilie

1 EL frisch gehacktes Basilikum

2 EL Olivenöl
1 TL Aceto Balsamico
Salz
Pfeffer
Zucker
3 große Scheiben Brot
(z. B. Dinkel-Roggen-Brot)
3 TL Butter
Balsamico-Creme

Wie schmeckt Bruschetta aus »Julie & Julia«?

Julie überlegt gemeinsam mit ihrem Freund, worüber sie in ihrem Blog schreiben könnte. Dabei bereitet sie eine Art Bruschetta zu. Die beiden essen so hingebungsvoll, dass ich es einfach probieren musste.

SCHRITT 1

Die **TOMATEN** waschen, halbieren, die Kerne entfernen und das Fruchtfleisch in Würfel schneiden.

SCHRITT 2

Den **KNOBLAUCH** schälen, pressen und zusammen mit **TOMATEN**, **KRÄUTERN**, **OLIVENÖL** und **BALSAMICOESSIG** in einer Schüssel verrühren. Mit **SALZ**, **PFEFFER** und **ZUCKER** abschmecken.

SCHRITT 3

Die **BROTSCHEIBEN** mit Butter bestreichen und in einer Pfanne von beiden Seiten knusprig anbraten.

SCHRITT 4

Die **BROTSCHEIBEN** halbieren, die Tomaten darauf verteilen, mit etwas **BALSAMICO-CREME** dekorieren und genießen, solange das Brot noch warm ist.

NOTIZEN

ZUTATEN

FÜR DIE FÜLLUNG:

400 ml Sahne

400 g Vollmilchschokolade (in Stücken)

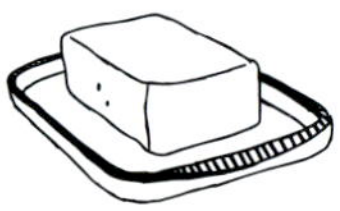

250 g weiche Butter

FÜR DIE CREME:

450 ml Sahne

800 g Zartbitterschokolade (in Stücken)

FÜR DEN TEIG:

400 g Butter

400 g Zartbitterschokolade (in Stücken)

200 ml Sahne

14 Eier

500 g Zucker

2 TL Vanilleextrakt

2 Prisen Salz

400 g Mehl

3 TL Backpulver

50 g Kakaopulver

Fett für die Formen

AUSSERDEM:

2 Springformen (ø 26 cm)

Wie schmeckt die Schokotorte aus »Matilda«?

Zur Strafe für den Diebstahl eines Kuchenstücks verdonnert Fräulein Knüppelkuh den armen Theo Torfkopp dazu, eine riesige Schokoladentorte vor der gesamten Schule aufzuessen. Es gelingt ihm durch die tatkräftige Motivation von Matilda und den anderen Schülern.

* *

TAG 1, SCHRITT 1

Für die Füllung die **SAHNE** in einem Topf aufkochen, vom Herd nehmen und die **VOLLMILCHSCHOKOLADE** darin schmelzen. Die Schokoladencreme in einer Schüssel 24 Stunden abgedeckt stehen lassen.

TAG 1, SCHRITT 2

Für die Creme die **SAHNE** in einem Topf aufkochen, vom Herd nehmen und die **ZARTBITTERSCHOKOLADE** darin schmelzen. Die Schokoladencreme in einer Schüssel 24 Stunden abgedeckt stehen lassen.

TAG 2, SCHRITT 1

Für die Füllung die weiche, aber nicht flüssige **BUTTER** aufschlagen, bis sie fast weiß ist. Die Vollmilch-Schokoladencreme hinzugeben und alles miteinander verrühren, bis die Füllung eine hellbraune Farbe hat.

TAG 2, SCHRITT 2

Für den Teig die **BUTTER** in einem Topf zerlassen und die **ZARTBITTERSCHOKOLADE** darin auflösen. Die **SAHNE** hinzufügen. Die **EIER** in einer Schüssel mit **ZUCKER**, **VANILLEEXTRAKT** und **SALZ** verrühren und mit der geschmolzenen **ZARTBITTERSCHOKOLADE** vermengen. ›

NOTIZEN

TAG 2, SCHRITT 3

In einer anderen Schüssel MEHL, BACKPULVER und KAKAO vermischen. Dann die trockenen Zutaten zur Schokoladenmasse geben und zu einem glatten Teig rühren. Die Masse jetzt auf beide gefetteten Springformen verteilen. In die eine Form kommt ⅓ der Masse, in die andere der Rest. Im vorgeheizten Backofen bei 150 Grad (Umluft) für 45–50 Min. backen.

TAG 2, SCHRITT 4

Die Kuchen auskühlen lassen. Den dickeren Kuchen in zwei gerade Böden teilen, diese mit der Vollmilch-Füllung bestreichen. Alle drei Böden aufeinandersetzen und den Stapel rundherum sowie obendrauf mit einer richtig dicken Schicht Zartbittercreme ummanteln.

TAG 2, SCHRITT 5

Sich für den restlichen Tag nichts vornehmen und diesen Schokoladentraum ausgiebig zelebrieren!

ZUTATEN FÜR 10 WAFFELRÖLLCHEN:

FÜR DEN TEIG:

70 g Butter

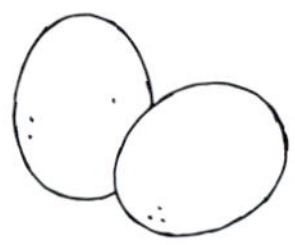

1 Ei
140 g Puderzucker

250 ml Milch
½ TL Zimt
1 TL Vanilleextrakt
180 g Mehl

FÜR DIE FÜLLUNG:

400 ml Sahne
2 Pck. Sahnesteif
1 Pck. Vanillezucker

AUSSERDEM:

Waffeleisen für dünne Waffeln

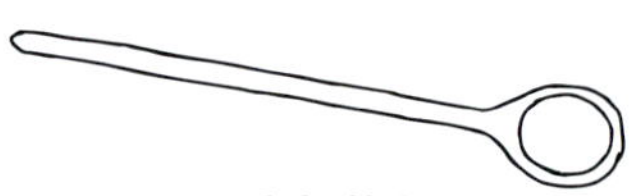

Holzlöffel

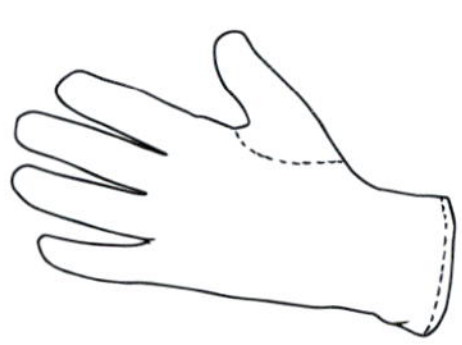

Stoffhandschuhe
Spritzbeutel

Wie schmecken die gefüllten Waffelröllchen aus »Titanic«?

Jack wird das erste Mal dazu eingeladen, mit der Familie und den Freunden von Rose in der ersten Klasse zu dinieren. Im Hintergrund sieht man auf einem Servierwagen die gefüllten Röllchen, die wahrscheinlich zum Dessert gereicht werden sollen.

SCHRITT 1

Für den Teig die **BUTTER** in einem Topf zerlassen. In einer Schüssel das **EI** mit dem **PUDERZUCKER** verquirlen. Anschließend die flüssige **BUTTER**, **MILCH**, **ZIMT** und **VANILLEEXTRAKT** unterrühren.

SCHRITT 2

Nach und nach das **MEHL** hinzugeben und so lange rühren, bis ein glatter Teig entstanden ist. Für 30 Min. ruhen lassen.

SCHRITT 3

Das Waffeleisen auf die gewünschte Bräunungsstufe stellen und die Waffeln zubereiten. Vorsichtig aus dem Waffeleisen nehmen und schnell um den Stiel eines Holzlöffels rollen. Vorsicht! Die Waffel ist nur biegsam, solange sie noch heiß ist. Deshalb am besten Stoffhandschuhe oder einen anderen Schutz tragen.

SCHRITT 4

Die Waffelröllchen vollständig auskühlen lassen. Währenddessen für die Füllung die **SAHNE** mit dem **SAHNESTEIF** und dem **VANILLEZUCKER** steif schlagen.

SCHRITT 5

Die Sahnefüllung in einen Spritzbeutel geben und in die abgekühlten Röllchen füllen.

NOTIZEN

ZUTATEN FÜR 6 PORTIONEN:

1 Vanilleschote oder 1 TL Vanilleextrakt
400 ml Sahne

200 ml Milch
85 g Zucker

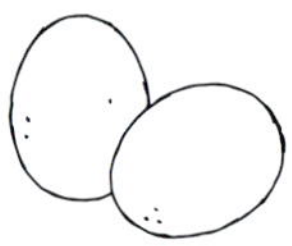

5 Eigelb

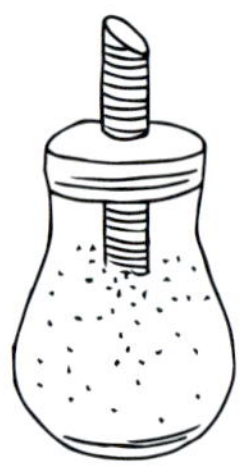

6 EL brauner Zucker
(für die Karamellkruste)

AUSSERDEM:

6 Crème-brûlée-Schalen
tiefes Blech
Flambierbrenner

Wie schmeckt die Crème brûlée aus »Die fabelhafte Welt der Amélie«?

Amélie lebt ein sehr stilles, zurückgezogenes, beinahe schon tristes Leben. Aber es sind die kleinen Dinge, die sie erfreuen, wie Steine über den Canal Saint Martin hüpfen zu lassen – oder das Knacken der Kruste einer Crème brûlée mit dem Löffel.

* *

SCHRITT 1

Die VANILLESCHOTE halbieren und auskratzen. Die SAHNE mit der MILCH und dem ZUCKER langsam auf dem Herd bei niedriger Temperatur erhitzen, bis sich der Zucker auflöst.

SCHRITT 2

Das EIGELB mit der VANILLE (oder dem VANILLEEXTRAKT) vermengen. Anschließend die Sahnemischung vorsichtig unterrühren und die Creme für ein paar Stunden oder über Nacht in den Kühlschrank stellen.

SCHRITT 3

Die Crème-brûlée-Schalen in ein tiefes Blech oder eine tiefe Kuchenform stellen, die Creme nochmals durchrühren, um die Vanille zu verteilen, und in die Schalen füllen. Nun kochendes Wasser in das tiefe Blech gießen, bis die Schalen zur Hälfte im Wasser stehen.

SCHRITT 4

Im vorgeheizten Backofen bei 150 Grad (Umluft) für 40–45 Min. backen. Die Crème brûlée muss danach komplett abkühlen und kalt gestellt werden. Vor dem Servieren die Creme mit jeweils 1 EL BRAUNEM ZUCKER bestreuen und ihn mit einem Brenner zur Karamellkruste flambieren.

NOTIZEN

TIPP

Um das beste Ergebnis zu erzielen, sollte man in einen kleinen Flambierer und Crème-brûlée-Schalen investieren.

ZUTATEN

3 Äpfel

70 g Rosinen (oder Sultaninen)

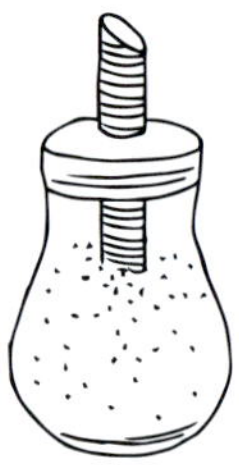

50 g Zucker
1 Pck. Blätterteig
1 Pck. Strudelteig

Puderzucker

AUSSERDEM:

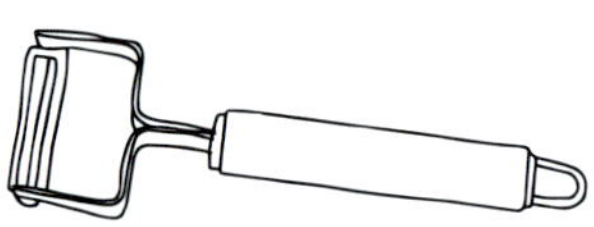

Sparschäler
Zahnstocher

Wie schmeckt der Apfelstrudel aus »Phantastische Tierwesen«?

Newt, Tina, Kowalski und Queenie essen gemeinsam zu Abend. Zum Nachtisch zaubert Queenie einen wunderschönen Apfelstrudel herbei.

* *

SCHRITT 1

Die **ÄPFEL** waschen und sehr vorsichtig mit einem Sparschäler schälen, sodass drei lange Bänder Apfelschale übrig bleiben. Diese zur Seite legen und die Äpfel in schmale Spalten schneiden. Hier gilt: je dicker, desto bissfester. In einer Schüssel mit den **ROSINEN** und dem **ZUCKER** mischen.

SCHRITT 2

9 fingerbreite Streifen von der kurzen Seite des **BLÄTTERTEIGS** schneiden, diese rollen und daraus drei Zöpfe flechten. Den restlichen **BLÄTTERTEIG** glatt ausrollen und die Apfel-Rosinen-Mischung auf dem oberen Drittel verteilen. Den Teig wie eine Sushi-Rolle einrollen, die Seiten etwas zudrücken.

SCHRITT 3

Die Blätterteig-Rolle nun in den **STRUDELTEIG** einrollen. So bekommt man eine noch knusprigere Hülle. Die Flechtzöpfe um die Rolle legen und den Strudel bei 175 Grad (Umluft) im vorgeheizten Backofen für ca. 20 Min. goldbraun backen.

SCHRITT 4

Die Apfelschale mit dem Fruchtfleisch nach außen zu kleinen Rosenblüten rollen. Wenn sie nicht halten, vorsichtig mit einem Stück Zahnstocher durchstechen. Die Rosen können echt Nerven kosten, aber irgendwann klappt es. Die Blüten auf dem abgekühlten Strudel verteilen und das Ganze mit **PUDERZUCKER** bestreuen. Fertig!

NOTIZEN

KÜCHENTIPP

Queenie zaubert ihren Strudel zwar sehr schlicht, etwas Zimt, ein Spritzer Zitrone oder ein Schuss Rum tun Äpfeln aber immer gut.

ZUTATEN

250 g Zartbitterschokolade
(50–60 % Kakaoanteil)

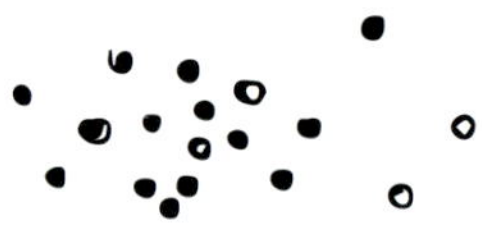

1 TL bunte Pfefferkörner

½ TL getrocknete Chiliflocken

1 Prise Salz
Lebensmittel-Goldstaub/-Goldfarbe

AUSSERDEM:

Mörser
Auflaufform/Silikonform
(ca. 15 x 20 cm)
Frischhaltefolie

Wie schmecken die Pfeffer-Chili-Dreiecke aus »Chocolat«?

Eine Chocolaterie in einem sehr christlichen Dorf öffnet zur Fastenzeit. Mit einer Inka-Drehscheibe wird ermittelt, welche Schokolade zu einem passt. Eine Kundin sieht ein wildes Pferd mit Reiterin und bekommt daraufhin die Schokoladen-Dreiecke empfohlen.

SCHRITT 1

Die SCHOKOLADE zerkleinern und in eine Schüssel geben. Eine größere Schüssel mit heißem Wasser füllen und die Schüssel mit der Schokolade vorsichtig hineinstellen. Kein Wasser darf die Schokolade berühren, da sie sonst zu klumpen anfängt! Die Schokolade so lange rühren, bis sie komplett geschmolzen ist.

SCHRITT 2

Die BUNTEN PFEFFERKÖRNER zusammen mit dem CHILI und dem SALZ in einem Mörser zerkleinern und zu der Schokolade geben. Alles gut verrühren.

SCHRITT 3

Die Auflaufform mit Frischhaltefolie auslegen und die Schokolade hineingießen. Bei einer Silikonform kann man die Schokolade direkt einfüllen. Die Schokolade im Kühlschrank fest werden lassen. Der Zeitraum kann variieren, deshalb einfach testen, ob sie fest ist.

SCHRITT 4

Die Schokolade mit GOLDSTAUB/-FARBE verzieren und aus der Form nehmen. In Dreiecke schneiden und auf einem kleinen Teller servieren. Man kann sie auch gut verschenken. Aber Vorsicht: scharf!

NOTIZEN

Erst süß,
dann zartbitter, dann
feurig: ein ganz
besonderer
Gaumenschmaus!

ZUTATEN FÜR 1 PORTION:

1 Kugel Schokoladeneis
1 Kugel Stracciatellaeis
1 Kugel Vanilleeis

Sprühsahne
Schokoladensoße

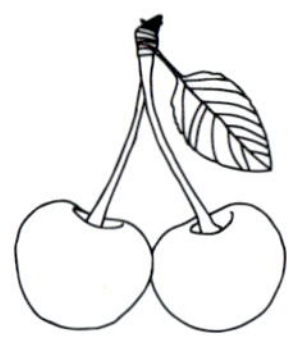

Cocktailkirschen

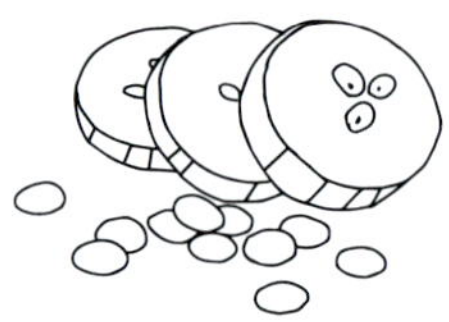

Toppings nach Belieben:
Brownies, Schokolinsen, Bananen ...

AUSSERDEM:

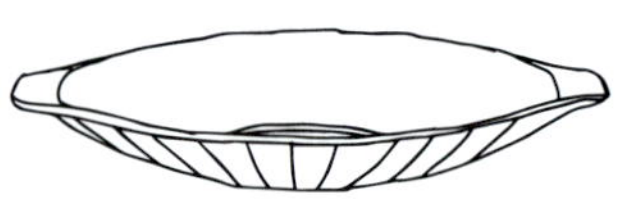

lange Schale
(typischer Bananasplit-Eisbecher)

Wie schmeckt der Eisbecher aus »Kevin allein in New York«?

Nachdem Kevin ein zweites Mal von seiner Familie getrennt wurde, sitzt er nun in einer luxuriösen Suite im Plaza Hotel in New York und lässt sich im Bett einen großen Eisbecher servieren. Die Limousinenfahrt mit Pizza war sicher schon eine nette Sache, aber einfach nichts toppt Eiscreme im Bett!

SCHRITT 1

Jeweils eine **KUGEL EIS** nebeneinander in die Schale geben.

SCHRITT 2

Die **SPRÜHSAHNE** und die **SCHOKOLADENSOSSE** ordentlich auf den Eiskugeln verteilen.

SCHRITT 3

Mit **COCKTAILKIRSCHEN** oder **TOPPINGS** nach Wahl verzieren.

Auf der Rechnung, die am Ende des Films gezeigt wird, kann man genau sehen, was sich Kevin alles für seinen Eisbecher bestellt hat: M&M's, Schokostreusel, Kirschen, Nüsse, Marshmallows, Karamell-, Schoko- und Erdbeersoße, Schlagsahne, Bananen, Vanilleflan, verschiedenes Gebäck, Erdbeertörtchen und genau 36 mit Schokolade überzogene Erdbeeren.
Wenn das mal keine Auswahl ist!

NOTIZEN

Kevin benutzt zwar nur wenige Zutaten für seinen eigenen Eisbecher, aber auf dem Servierwagen sieht man, dass noch mehr Extras möglich sind. Also macht euch einen Eisbecherabend mit euren Freunden und besorgt alles, was irgendwie zu Eis passt.

Wie schmeckt die Geburtstagstorte aus »Harry Potter und der Stein der Weisen«?

Harry hat seinen Geburtstag noch nie gefeiert. Erst als Hagrid überraschend bei ihm auftaucht, bekommt er seine erste Torte. Gut, sie ist etwas zerquetscht, aber es ist eine Torte! Mit Creme! Und er ist nun ein Zauberer!

ZUTATEN

FÜR DIE CREME:

250 ml Sahne
750 g weiße Schokolade (in Stücken)
rosa Lebensmittelfarbe
grüne Lebensmittelfarbe

FÜR DIE FÜLLUNG:

200 ml Sahne
200 g Vollmilchschokolade (in Stücken)

FÜR DEN TEIG:

250 g Butter
200 g Zartbitterschokolade (in Stücken)
50 ml Sahne
8 Eier
250 g Zucker
1 TL Vanilleextrakt
1 Prise Salz
150 g Mehl
2 TL Backpulver

100 g gemahlene Haselnüsse
2 EL Kakaopulver
Fett für die Form

AUSSERDEM:

Springform (ø 26 cm)

✶ ✶

TAG 1, SCHRITT 1

Für die Creme **250 ML SAHNE** aufkochen, vom Herd nehmen und die **WEISSE SCHOKOLADE** darin schmelzen. Für die Füllung **200 ML SAHNE** aufkochen, vom Herd nehmen und die **VOLLMILCHSCHOKOLADE** darin schmelzen. Beides kühl lagern.

TAG 1, SCHRITT 2

Für den Teig die **BUTTER** in einem Topf zerlassen. Die **ZARTBITTERSCHOKOLADE** darin auflösen, dann die **SAHNE** hinzufügen. Die **EIER** in einer Schüssel mit **ZUCKER**, **VANILLEEXTRAKT** und **SALZ** verrühren und mit der geschmolzenen Zartbitterschokolade vermengen.

TAG 1, SCHRITT 3

In einer anderen Schüssel das **MEHL**, **BACKPULVER**, **HASELNÜSSE** und **KAKAO** vermischen. Dann die trockenen Zutaten zur Schokoladenmasse geben. Die Masse jetzt in die gefettete Springform füllen und bei 150 Grad (Umluft) im vorgeheizten Backofen für 45–50 Min. backen.

TAG 2, SCHRITT 1

Am nächsten Tag den Kuchen quer halbieren, die untere Hälfte mit der dunklen Füllung bestreichen, die obere wieder drauflegen.

TAG 2, SCHRITT 2

Einen kleinen Teil der weißen Creme mit der **GRÜNEN LEBENSMITTELFARBE** vermengen. Die restliche Creme rosa einfärben. Die rosa Creme auf dem Kuchen verstreichen und mit der grünen Creme »Happee Birthdae Harry« oder den Namen des Geburtstagkinds auf die Torte schreiben.

KÜCHENTIPP

Wer für die Schrift keinen Spritzbeutel zur Hand hat: Von einem Gefrierbeutel ein Eckchen abschneiden geht auch.

Animation • Zeichentrick •

WELCH FREVEL, könnte man meinen, so verschiedene Genres wie Animationsfilme, Zeichentrick und Anime einfach in einen Topf zu werfen (ja, das Wortspiel war Absicht). Doch eins haben sie alle gemeinsam: Essen! Wer saß nicht als Kind vor dem Fernseher und hat sich mit knurrendem Magen nur kurz in den Bildschirm hinein gewünscht? Mir geht das, um ehrlich zu sein, noch heute so. Gezeichnetes, animiertes, erfundenes oder nachempfundenes Essen hat einen ganz eigenen Reiz. Als Kind waren diese Köstlichkeiten wirklich aus einer anderen Welt, aber heute gilt: ran an den Herd! Denn Mama kann nicht mehr Nein sagen, und diese Gerichte sind wirklich viel zu lecker, um sie nicht auf einen realen Teller zu zaubern!

Anime

ZUTATEN FÜR 6 BURGER:

2 rote Zwiebeln

2 Tomaten
6 Burgerbrötchen mit Sesam
6 Blätter Eisbergsalat
500 g Rinderhack
(oder 6 vegetarische Buletten)

Salz & Pfeffer
Pflanzenöl

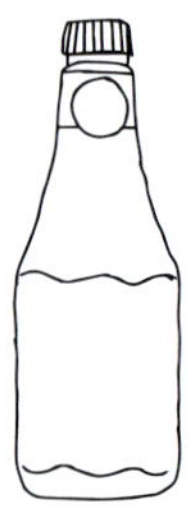

Ketchup
Senf
einige Scheibchen Essiggurke
6 Scheiben Cheddar

Wie schmeckt der Krabbenburger aus »SpongeBob Schwammkopf«?

SpongeBob leidet unter Gedächtnisverlust! Mit einem Trick bekommt Mr Crabs ihn dazu, sich doch an das Rezept des Krabbenburgers zu erinnern.

✱ ✱

SCHRITT 1

Die **ZWIEBELN** schälen, die **TOMATEN** waschen und putzen. Beides in Scheiben schneiden. Die **BURGERBRÖTCHEN** halbieren und je nach Geschmack toasten. Die **SALATBLÄTTER** waschen und trocken tupfen.

SCHRITT 2

Das **HACKFLEISCH** mit je 1 guten Prise **SALZ** und **PFEFFER** vermischen, kneten und zu sechs Buletten in Burgergröße formen. Die Buletten in der Pfanne mit etwas **ÖL** von beiden Seiten anbraten. Alternativ können auch **VEGETARISCHE BULETTEN** verwendet werden.

SCHRITT 3

SpongeBobs Reihenfolge für die Quasselbude ist folgende: **BRÖTCHEN**, **BULETTE**, **EISBERGSALAT**, **KÄSE**, **ZWIEBELN**, **TOMATE**, **KETCHUP**, **SENF**, **GÜRKCHEN**, **BRÖTCHEN**. So und nicht anders!

NOTIZEN

Die Zutaten-Reihenfolge ändert sich in fast jeder Szene, die Zutaten selbst bleiben allerdings die gleichen. Woraus die Krabbenburgerbulette besteht, bleibt aber ein Geheimnis. Manche vermuten Seepferdchenfleisch, andere Plankton. Oder vielleicht wirklich Krabbenfleisch?

ZUTATEN FÜR 1 LAIB:

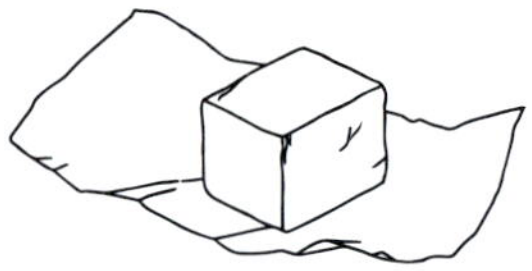

½ Würfel Hefe (21 g)

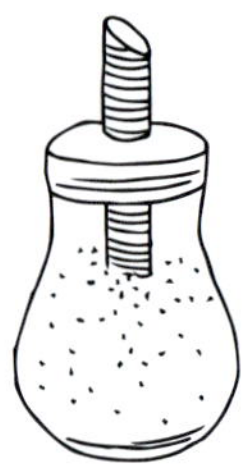

2 EL Zucker

50 ml lauwarmes Wasser

250 g Mehl
1 TL Salz
2 EL weiche Butter
100 ml Milch

AUSSERDEM:

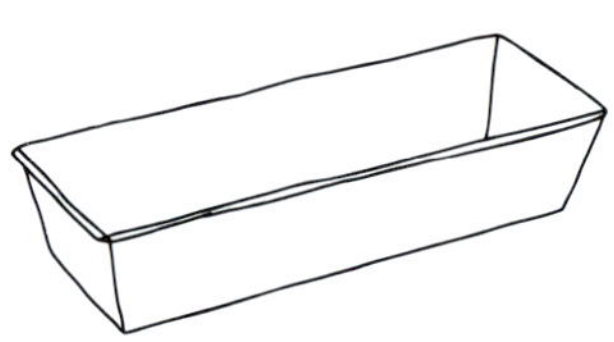

Kastenform

Wie schmeckt selbst gemachter Zwieback aus »Pocahontas«?

Beim ersten Kennenlernen zwischen John Smith und Pocahontas stiehlt Neeko, Pocahontas' kleiner Waschbärfreund, einen Zwieback aus John Smith' Tasche und ist ganz verrückt danach. John Smith stört es nicht, denn auf See hat er genug davon essen müssen – außerdem hat er eh nur noch Augen für Pocahontas.

✷ ✷

TAG 1, SCHRITT 1

Die **HEFE** mit dem **ZUCKER** in lauwarmem Wasser auflösen.

TAG 1, SCHRITT 2

Das **MEHL** und das **SALZ** vermischen. **BUTTER**, **HEFEWASSER** und **MILCH** zum Mehl geben und alles zu einem glatten Teig verrühren.

TAG 1, SCHRITT 3

Den Teig in einer Schüssel für 1 Stunde ruhen lassen, bis er doppelt so groß ist. Dann auf einem mit Backpapier ausgelegten Backblech einen Strang formen oder den Teig in eine gefettete Kastenform legen. Noch mal für 30 Min. ruhen lassen.

TAG 1, SCHRITT 4

Den Backofen auf 180 Grad (Umluft) vorheizen und den Zwiebackteig für 30 Min. backen. Dann abkühlen lassen und luftdicht verpacken.

TAG 2, SCHRITT 1

Am nächsten Tag das Brot in Scheiben schneiden und auf einem Backblech auslegen. Nach Belieben mit **KNOBLAUCH**, **SALZ**, **KRÄUTERN** oder **CHILIFLOCKEN** würzen oder mit **ZUCKER** bestreuen. Für ca. 1 Stunde bei 80 Grad fertig backen.

NOTIZEN

DAZU PASST:

Selbst gemachte Kräuterbutter!

Einfach Butter mit Kräutern (z. B. Petersilie, Schnittlauch, Thymian oder TK-Kräutermischungen) mischen, nach Belieben frischen Knoblauch hineinpressen, ein bisschen salzen. Fertig!

ZUTATEN FÜR 8 BUNS:

FÜR DIE BRÖTCHEN:

¼ Würfel Hefe oder 4 g Trockenhefe
1 gestr. EL Zucker
75 ml lauwarmes Wasser
250 g Mehl
1 Prise Salz

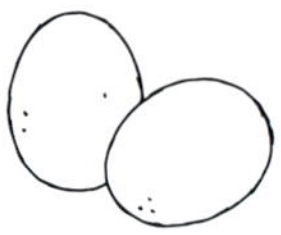

2 Eier

1 EL Milch
Panko- oder Paniermehl
Currypulver
1 l Frittierfett

FÜR DAS CURRY:

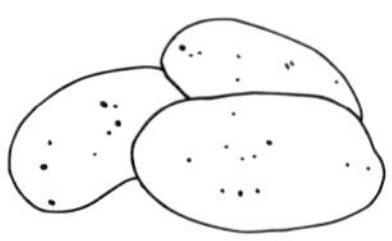

400 g Kartoffeln

240 g Karotten
20 g Ingwer
2 Knoblauchzehen
½ Zwiebel
Öl
540 ml Wasser
1 Pck. Curry-Würzpaste
50 g Zartbitterschokolade
Salz
Pfeffer

Wie schmecken die Curry-Buns aus »Black Butler«?

Der schwarz gekleidete Butler Sebastian ist namensgebend für die Serie. Bei einem Kochwettkampf muss er sein Können am Herd unter Beweis stellen. Für alle Teilnehmer gilt, dass sie Curry als Basiszutat verwenden müssen. Sebastian verfeinert sein Gericht mit Zartbitterschokolade und kann damit den Wettkampf für sich entscheiden.

SCHRITT 1

Für die Brötchen die **HEFE** mit dem **ZUCKER** in lauwarmem **WASSER** auflösen.

SCHRITT 2

200 G MEHL, **SALZ** und **EI** vermischen, zur Hefe geben und alles ca. 10 Min. gut durchkneten. 40 Min. abgedeckt an einem warmen Ort ruhen lassen.

SCHRITT 3

Für das Curry **KARTOFFELN**, **KAROTTEN**, **INGWER**, **KNOBLAUCH** und **ZWIEBEL** schälen und in kleine Stücke schneiden. Danach in einem Topf für 5 Min. unter ständigem Rühren in etwas **ÖL** anbraten. Mit dem **WASSER** ablöschen und bei mittlerer Hitze für 15 Min. köcheln lassen.

SCHRITT 4

Die **CURRYPASTE** hinzufügen und so lange verrühren, bis sie aufgelöst ist. Dann die **SCHOKOLADE** in kleine Stücke brechen, dazugeben und so lange verrühren, bis sie geschmolzen ist. Mit **SALZ** und **PFEFFER** abschmecken.

SCHRITT 5

Den Teig zu 8 Kugeln formen, noch mal 20 Min. ruhen lassen. Restliches **MEHL** auf einem Teller, Eistreiche (ein **EI** mit **1 EL MILCH** vermischt) auf einem zweiten und **PANKO-** oder **PANIERMEHL** auf einem dritten Teller vorbereiten.

NOTIZEN

SCHRITT 6

Die Teigkugeln handgroß ausrollen und etwas Curry in die Mitte geben. Nicht zu viel, sonst reißen die Brötchen hinterher. Den Rand mit Eistreiche bestreichen und danach verschließen.

SCHRITT 7

Die Teigkugeln im Mehl, dann in Eistreiche, dann in Panko- oder Paniermehl wälzen.

SCHRITT 8

FRITTIERFETT heiß werden lassen. Die Brötchen vorsichtig in das Fett gleiten lassen und goldbraun ausbacken. Danach auf etwas Küchenpapier abtropfen lassen.

TEIGBÄLLCHEN

1 ERST IN MEHL WÄLZEN ...

2 ... DANN IN DER EISTREICHE ...

3 ... UND ZUM SCHLUSS IN PANIERMEHL.

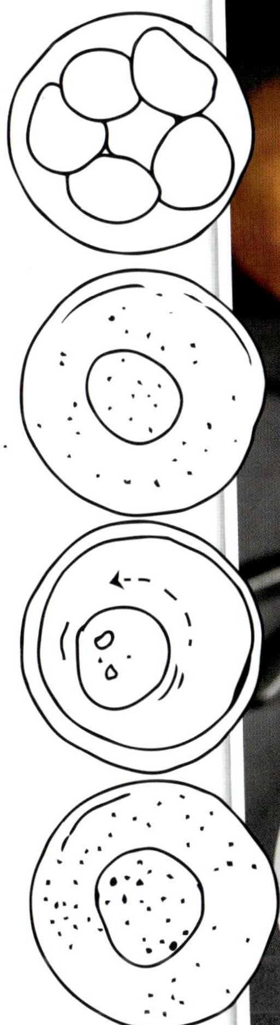

ZUTATEN FÜR 2 PORTIONEN:

250 g Rinderhack
(oder vegetarische Hackbällchen)

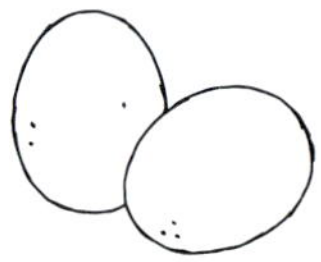

1 Eigelb

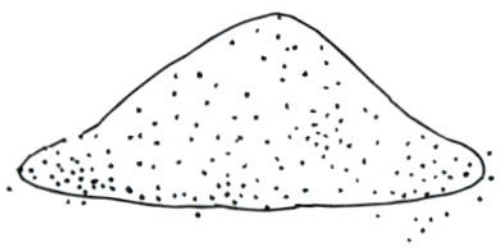

50 g Paniermehl
Salz & Pfeffer
Pflanzenöl

1 Zwiebel

1 Knoblauchzehe

2 EL Olivenöl
1 Dose (400 g) geschälte Tomaten
3 EL Tomatenmark

250 g extra lange Spaghetti
Zucker

Wie schmeckt die Pasta aus »Susi und Strolch«?

Diese Szene kennt wohl jeder, oder? Strolch führt Susi in sein Lieblingsrestaurant »Tony's Restaurant« aus und bestellt dort sein Leibgericht »Spaghetti Spezial« mit ganz besonders vielen Fleischbällchen. Als sie beide die unterschiedlichen Enden derselben Spaghetti essen, kommt es zum Kuss.

✶ ✶

SCHRITT 1

Entweder **VEGETARISCHE HACKBÄLLCHEN** nehmen, oder **HACKFLEISCH**, **EIGELB** und **PANIERMEHL** zu einer Masse kneten und kleine Bällchen formen. Mit **SALZ** und **PFEFFER** würzen.

SCHRITT 2

In einer großen Pfanne **ÖL** erhitzen. Die Hackbällchen rundherum goldbraun anbraten, dann herausnehmen und beiseitestellen. Die **ZWIEBEL** und den **KNOBLAUCH** schälen, klein schneiden und in derselben Pfanne mit dem **OLIVENÖL** glasig anschwitzen.

SCHRITT 3

Die geschälten **TOMATEN** zusammen mit dem **TOMATENMARK** pürieren und in die Pfanne geben. Mit **SALZ** und **PFEFFER** würzen. Die Fleischbällchen wieder dazugeben und das Ganze für 20 Min. auf niedriger Stufe abgedeckt köcheln lassen.

SCHRITT 4

Die **SPAGHETTI** nach Packungsanleitung in Salzwasser kochen.

SCHRITT 5

Die Soße mit **ZUCKER** abschmecken. Die Spaghetti abgießen und mit der Soße servieren.

NOTIZEN

Wer ganz genau sein möchte, der lässt die Zwiebel und den Knoblauch weg, da Hunde beides nicht vertragen! Wäre dann aber etwas eintönig.

ZUTATEN FÜR 2 PORTIONEN:

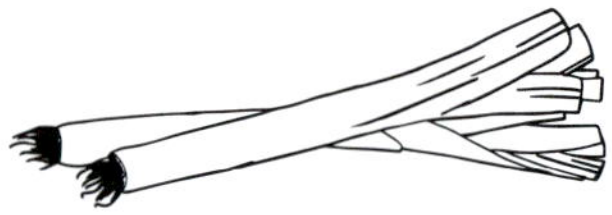

1 Stange Lauch

100 g Möhren

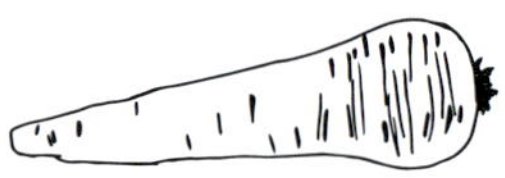

200 g Pastinaken
Öl
150 g geschälte Haselnüsse
Salz
Pfeffer

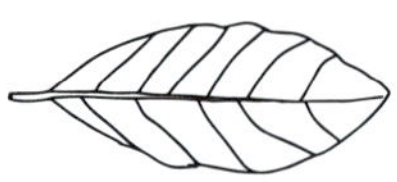

1 Lorbeerblatt
500 ml Gemüsebrühe
100 ml Sahne oder Milch
2 EL Crème fraîche
frisch gehackte Kräuter nach Wahl

AUSSERDEM:

Pürierstab

Wie schmeckt die Haselnuss-Suppe aus »Rapunzel«?

Rapunzels »Mutter« kehrt zum Turm zurück und erzählt, sie habe Pastinaken gefunden. Am Abend gibt es daher Rapunzels Lieblingsessen: eine Haselnuss-Suppe.

SCHRITT 1

Den **LAUCH** waschen und in Ringe schneiden, die **MÖHREN** und die **PASTINAKEN** schälen, würfeln und alles in einem Topf mit **ÖL** anschwitzen. Währenddessen die **HASELNÜSSE** in einer beschichteten Pfanne ohne Fett rösten.

SCHRITT 2

¾ der gerösteten Haselnüsse zum Gemüse geben, den Rest zerkleinern und beiseitestellen.

SCHRITT 3

Das Gemüse mit **SALZ** und **PFEFFER** würzen, das **LORBEERBLATT** hinzugeben und mit der **GEMÜSEBRÜHE** aufgießen.

SCHRITT 4

30 Min. abgedeckt köcheln lassen. Anschließend die **SAHNE** oder **MILCH** hinzugeben und alles pürieren.

SCHRITT 5

Die Suppe mit **CRÈME FRAÎCHE** abschmecken und auf Schüsseln verteilen. Einige **KRÄUTER** in die Mitte geben und die zerkleinerten Haselnüsse als Deko darüberstreuen.

NOTIZEN

ZUTATEN FÜR 2 PORTIONEN:

FÜR DIE SOSSE:

1 Knoblauchzehe
Olivenöl
½ Dose stückige Tomaten (200 g)
1 EL Teriyakisoße
1 TL Sojasoße
1 EL Chilisoße
1 EL Honig
Salz
weißer Pfeffer
Petersilie zur Dekoration

FÜR DAS OMELETT:

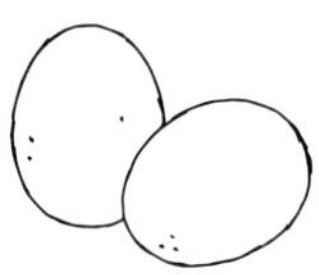

6 Eier
2 Prisen Salz
100 ml Sahne
1 Prise Pfeffer
Öl

AUSSERDEM:

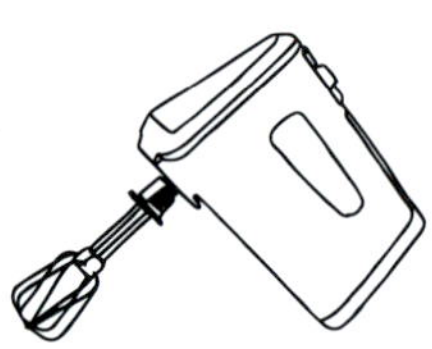

Handrührgerät

Wie schmeckt das Omelett aus »Food Wars«?

In einem Wettkampf der Elite-Kochschule Tōtsuki muss der Schüler Yukihira Sōma ein Frühstück für ein Frühstücksbuffet servieren. Er entscheidet sich für dieses fluffige Soufflé-Omelett.

✶ ✶

SCHRITT 1

Für die Soße die **KNOBLAUCHZEHE** schälen und klein schneiden. In einem kleinen Topf mit etwas **OLIVENÖL** anschwitzen, dann die stückigen **TOMATEN** dazugeben. **TERIYAKI-**, **SOJA-** und **CHILISOSSE** zusammen mit **HONIG**, **SALZ** und **PFEFFER** hinzugeben und auf niedriger Stufe köcheln lassen.

SCHRITT 2

Für das Omelett die **EIER** trennen und das **EIWEISS** zusammen mit **1 PRISE SALZ** mit dem Handrührgerät so lange aufschlagen, bis es steif ist.

SCHRITT 3

Das **EIGELB** mit **SAHNE**, **1 PRISE SALZ** und **PFEFFER** in einer zweiten Schüssel verrühren. Das aufgeschlagene Eiweiß vorsichtig unterheben.

SCHRITT 4

ÖL in einer Pfanne auf mittlerer Stufe erhitzen. Die Hälfte der Eiermasse in die Pfanne gießen. Die Hitze sollte nicht zu hoch sein, da das Ei nicht gewendet wird.

SCHRITT 5

Abgedeckt für 2 Min. auf einer Seite goldbraun anbraten. Dann vorsichtig mit einem Pfannenwender in der Hälfte zusammenklappen. Mit der restlichen Eiermasse noch einmal so verfahren. Mit **PETERSILIE** dekorieren und mit der Soße servieren.

NOTIZEN

ZUTATEN FÜR 2 PORTIONEN:

180 g Jasmin-Reis

1,4 l Wasser
2–3 EL Gemüsebrühepulver

2 Knoblauchzehen

1 Zwiebel
2 Streifen (Veggie-)Bacon

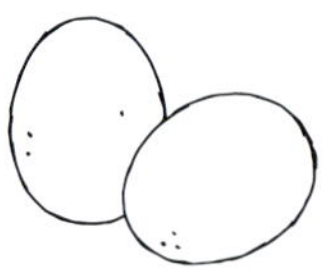

4 Eier (Gr. M oder Wachteleier)
Salz
Pfeffer

AUSSERDEM:

Springform
runde Keksform

Wie schmeckt der Reisbrei mit Ei und Bacon aus »Mulan«?

An ihrem ersten Morgen in der Armee wird Mulan von Mushu mit einem fröhlichen Frühstück geweckt. Der Reisbrei ist vergleichbar mit Porridge, und er kann sowohl süß als auch herzhaft zubereitet werden.

SCHRITT 1

Den **JASMIN-REIS** nach Packungsanleitung zubereiten.

SCHRITT 2

Das **WASSER** mit dem **GEMÜSEBRÜHEPULVER** aufkochen. Den Herd auf niedrige Temperatur stellen und den gekochten Jasmin-Reis in den Topf geben. Die **KNOBLAUCHZEHEN** und die **ZWIEBEL** schälen, halbieren und ca. 1 Stunde im Reis mitköcheln lassen, dabei ab und zu umrühren. Anschließend wieder entfernen.

SCHRITT 3

Damit der **BACON** rund wird, kann man ihn in einer Springform, die ohne Boden auf dem Backblech liegt, entlang des Randes auslegen. Bei 180 Grad (Umluft) im vorgeheizten Backofen backen, bis der Bacon knusprig braun ist.

SCHRITT 4

Für die Spiegeleier entweder **WACHTELEIER** nehmen, da sie kleinere »Augen« ergeben, oder **NORMALE EIER** und sie mit einer runden Keksform in der Pfanne anbraten. Mit etwas **SALZ** und **PFEFFER** würzen.

SCHRITT 5

Den Reisbrei in eine Schüssel geben und mit Bacon und Eiern dekorieren.

NOTIZEN

TIPP

Man kann die Reisschale auch mit verschiedenen Toppings wie Lauchzwiebeln, Noriblättern, Kräutern, Sesam oder gebratenem Gemüse aufpeppen. Eine süße Variante gelingt mit Zimt und Zucker und Früchten.

ZUTATEN FÜR 2 PIZZEN:

FÜR DIE PIZZEN:

1 Würfel frische Hefe (42 g)
1 EL Zucker
200 ml lauwarmes Wasser

180 g Brokkoli (TK)
500 g Mehl
8 EL Olivenöl
200 g geriebener Mozzarella

Salz & Pfeffer
Mehl zum Arbeiten

FÜR DIE BÉCHAMELSOSSE:

100 ml Milch
1 EL Butter
1 EL Mehl
ger. Muskatnuss
1 Prise Salz
Knoblauchpulver

Wie schmeckt die Brokkoli-Pizza aus »Alles steht Kopf«?

Nach einem ziemlich verkorksten Umzug will die kleine Riley die Stimmung auflockern und geht mit ihrer Mutter Pizza essen. Dass jemand ernsthaft Brokkoli auf Pizza serviert, ist ein schwerer Schlag für sie – dabei schmeckt das richtig gut!

SCHRITT 1

Für die Pizza den **HEFEWÜRFEL** mit dem **ZUCKER** in lauwarmem **WASSER** auflösen. Den **BROKKOLI** auftauen.

SCHRITT 2

Das **MEHL** und **2 TL SALZ** in eine Schüssel geben und mit dem Hefewasser sowie dem **OLIVENÖL** mit einem Löffel vermengen, dann auf einer sauberen Arbeitsfläche zu einem gleichmäßigen Teig verkneten. Den Teig abgedeckt für mindestens 30 Min. an einem warmen Ort ruhen lassen.

SCHRITT 3

Für die Soße die **MILCH** in einem Topf zum Kochen bringen. Die **BUTTER** in einer Schüssel in der Mikrowelle schmelzen, dann das **MEHL** in die flüssige Butter rühren. Die Butter-Mehl-Mischung mit einem Schneebesen in die heiße Milch rühren, bis sie schön cremig ist. Ggf. noch einmal aufkochen lassen. Mit **MUSKATNUSS**, **SALZ** und etwas **KNOBLAUCHPULVER** würzen.

SCHRITT 4

Den Teig in zwei Teile aufteilen, gut durchkneten und jeweils auf einer mit Mehl bestäubten Arbeitsfläche dünn kreisrund ausrollen. Einen Rand formen.

SCHRITT 5

Mit der Soße bestreichen, **KÄSE** darüberstreuen, **BROKKOLI** trocken tupfen und darauf verteilen. Mit etwas **SALZ** und **PFEFFER** bestreuen. Auf dem mit Backpapier ausgelegten Backblech für ca. 15 Min. bei 180 Grad (Umluft) im vorgeheizten Backofen backen.

TIPP

Man kann den Mozzarella auch zur Hälfte mit Ricotta ersetzen. Schmeckt superlecker!

ZUTATEN FÜR 1 SANDWICH:

200 g Schweinesteak

Salz & Pfeffer

2 EL Teriyakisoße

2 EL Sojasoße

Olivenöl

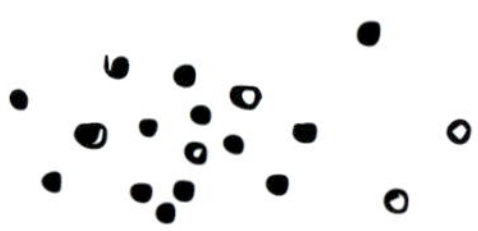

Cayennepfeffer

Chiliflocken

3 Eier

50 ml Sahne oder Milch

Pflanzenöl

1 Ciabatta-Baguette

Sriracha Mayoo Sauce

1 Handvoll frischer Blattspinat

essbare Blüten oder

Salatmischung mit Blüten

Johannisbeeren zum Garnieren

Wie schmeckt Asunas Sandwich aus »Sword Art Online«?

Asuna ist im Spiel »Sword Art Online« gefangen, ebenso wie Kirito. Eines Tages sitzen sie nebeneinander auf einer Bank, und Asuna bietet dem schweigsamen Kirito die Hälfte ihres Sandwiches an. Er greift zu, lässt es jedoch fallen, worauf es sich in Pixel auflöst.

✷ ✷

SCHRITT 1

Das **SCHWEINESTEAK** mit **SALZ** und **PFEFFER** würzen. **TERIYAKI-**, **SOJASOSSE** und **OLIVENÖL** in einer Plastikdose mischen. Auch etwas **CAYENNEPFEFFER** oder **CHILI-FLOCKEN** passen gut. Das Fleisch 1 Stunde im Kühlschrank marinieren lassen.

SCHRITT 2

In einer Schüssel die **EIER** mit der **SAHNE** oder der **MILCH** verquirlen und mit **SALZ** und **PFEFFER** würzen. Etwas **OLIVENÖL** in einer Pfanne auf mittlerer Stufe erhitzen. Die Eimasse in die Pfanne geben und stocken lassen, bis die Oberfläche nicht mehr »flüssig« ist. Die Masse mit einem Pfannenwender in der Hälfte umklappen und zur Seite stellen.

SCHRITT 3

Das **FLEISCH** 10 Min. vor dem Braten aus dem Kühlschrank nehmen. Dann mit **ÖL** in einer Pfanne von beiden Seiten scharf anbraten. Die Hitze reduzieren und abgedeckt ziehen lassen, bis es durch ist.

SCHRITT 4

Das **BAGUETTE** aufschneiden (ggf. vorher backen) und beide Seiten mit der **SRIRACHA MAYOO** bestreichen. Mit gewaschenem **BLATTSPINAT**, **BLÜTEN**, **OMELETT**, ein paar **JOHANNISBEEREN** und **SCHWEINESTEAK** belegen und servieren! (Oder für neue Abenteuer einpacken. Falls ihr mal in einem Spiel gefangen seid, ist es bestimmt superpraktisch.)

NOTIZEN

Die Sriracha Mayoo ist eine orangefarbene Creme in einer durchsichtigen Flasche, die eine fliegende Gans ziert. Ihr findet sie im Asia-Markt.

ZUTATEN FÜR 2 PORTIONEN:

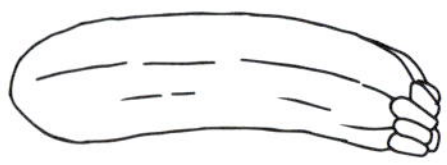

1 gelbe Zucchini
1 grüne Zucchini

1 Aubergine

2 Tomaten

150 g eingelegte, gegrillte Paprika

1 Zwiebel
1–2 Knoblauchzehen
1 gestr. TL Gemüsebrühepulver
Salz
Pfeffer
2 EL Olivenöl
frisch gehackter Rosmarin oder Thymian

AUSSERDEM:

Mixer
kl. Auflaufform

Wie schmeckt das Ratatouille aus »Ratatouille«?

Die kleine Ratte Rémy überzeugt Köchin Colette, dem gefürchteten Restaurantkritiker Ego ein eigentlich viel zu simples »Bauerngericht« zu servieren: Ratatouille. Doch unter Rémys Anleitung wird der Klassiker zu einer Reise zurück in die Kindheit des Kritikers und berührt sein verbittertes Herz.

SCHRITT 1

ZUCCHINI, **AUBERGINE** und **TOMATEN** waschen, putzen und in sehr feine Scheiben schneiden.

SCHRITT 2

Die **PAPRIKA** abtropfen lassen. Die **ZWIEBEL** und den **KNOBLAUCH** schälen und grob schneiden. Alles in den Mixer geben und mit **GEMÜSEBRÜHEPULVER**, etwas **SALZ**, **PFEFFER** und **OLIVENÖL** mixen, bis keine Stückchen mehr übrig sind.

SCHRITT 3

Die Soße nun in einer kleinen Auflaufform verteilen und die Gemüsescheiben in einer sich wiederholenden Reihenfolge rundum schichten. Mit **KRÄUTERN** und etwas **SALZ** und **PFEFFER** bestreuen.

SCHRITT 4

Aus einem Stück Backpapier die passende Form ausschneiden und das Gemüse damit abdecken.

SCHRITT 5

Für ca. 30 Min. bei 180 Grad (Umluft) im vorgeheizten Backofen backen. Danach kleine Türmchen aus dem Gemüse bauen, mit etwas Soße und Kräutern dekorieren und sofort servieren.

NOTIZEN

ZUTATEN FÜR 8–10 BAOZI:

FÜR DEN TEIG:

1 Pck. Trockenhefe
1 EL Zucker
350 ml lauwarmes Wasser
500 g Mehl
1 TL Salz
1 EL Sesamöl

FÜR DIE FÜLLUNG:

1 Zwiebel
20 g Ingwer
1 Knoblauchzehe
Sesamöl
300 g Chinakohl
50 g Bambus aus dem Glas
100 g Möhren
3 Lauchzwiebeln
200 g Pak Choi
2 TL Gemüsebrühepulver
Chilipulver
3 EL Sojasoße
5 EL Teriyakisoße
Salz
weißer Pfeffer

AUSSERDEM:

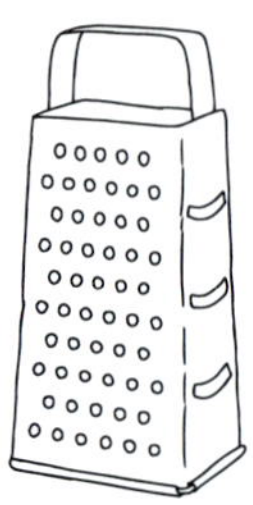

Reibe
Bambusdampfgarer

Wie schmecken die Baozi aus »Kung Fu Panda«?

Po der Panda liebt Baozi. Das macht sich Kung-Fu-Meister Schifu zunutze, indem er die Teigtaschen in seinen Unterricht einbaut. Um sie zu bekommen, muss Po sie seinem Meister erst einmal abluchsen.

SCHRITT 1

Für den Teig die TROCKENHEFE mit dem ZUCKER in lauwarmem WASSER auflösen.

SCHRITT 2

Anschließend das MEHL und das SALZ in eine Schüssel geben und mit der Hefemischung und dem SESAMÖL zu einem klebrigen Teig kneten. Abgedeckt an einem warmen Ort 1 Stunde ruhen lassen.

SCHRITT 3

Für die Füllung ZWIEBEL, INGWER und KNOBLAUCH schälen, klein schneiden und in einer Pfanne mit etwas SESAMÖL anschwitzen. Den CHINAKOHL waschen und zusammen mit dem BAMBUS klein schneiden und mitbraten.

SCHRITT 4

Währenddessen die MÖHREN schälen und reiben. Die LAUCHZWIEBELN und den PAK CHOI waschen, putzen, klein schneiden und ebenfalls in die Pfanne geben.

SCHRITT 5

Mit GEMÜSEBRÜHEPULVER, etwas CHILIPULVER, SOJA- und TERIYAKISOSSE ca. 5 Min. köcheln lassen. Anschließend mit SALZ und PFEFFER abschmecken, vom Herd nehmen und abkühlen lassen.

SCHRITT 6

Den Teig zu kleinen Bällchen formen, mit der Hand flach drücken und etwas ausrollen. Dann je 1 EL der Füllung auf den Teig geben. Stück für Stück den Rand nun zur Mitte des Baozi ziehen und ein Säckchen formen. Teigtasche gut zudrücken!

SCHRITT 7

Den Bambusdampfgarer (alternativ ein Wasserbad mit eingehängtem Sieb und Deckel) mit den Baozi füllen. Jetzt für ca. 20 Min. auf einen passenden Topf mit kochendem Wasser stellen, herausnehmen, mit Sojasoße servieren, fertig!

KÜCHENTIPP

Unbedingt kleine Backpapier-Quadrate unter die Teigtaschen legen, damit sie nicht festkleben!

Überschüssigen Teig kann man z. B. auch mit Schokolade füllen und genauso dampfgaren!

ZUTATEN FÜR 10 DONUTS:

FÜR DEN TEIG:

½ Pck. Trockenhefe
3 EL Zucker
20 ml lauwarmes Wasser
250 g Mehl
1 Prise Salz
50 ml Milch
50 ml Sahne
1 EL weiche Butter
1 Ei
Mehl zum Arbeiten
Frittierfett

FÜR DIE GLASUR:

4–5 EL Milch
250 g Puderzucker
rosa Lebensmittelfarbe
Zuckerstreusel

AUSSERDEM:

Nudelholz
Donut-Ausstechform
oder zwei unterschiedlich große, runde Keksformen

Schöpfkelle

Wie schmeckt der Donut aus »Die Simpsons – Der Film«?

Lenny ruft Homer an und erzählt aufgeregt, dass das Gesundheitsamt den Donut-Laden geschlossen hat und es nun kostenlose Donuts gibt. Das kann sich Homer natürlich nicht entgehen lassen!

* *

SCHRITT 1

Die **TROCKENHEFE** mit **1 EL ZUCKER** in lauwarmem **WASSER** auflösen.

SCHRITT 2

MEHL, **2 EL ZUCKER** und **SALZ** in einer Schüssel vermengen. Die **MILCH** und die **SAHNE** mit der Hefe mischen und zusammen mit der **BUTTER** und dem **EI** zum Mehl geben. Alles gut durchkneten. Der Teig sollte weich und noch etwas klebrig sein. Abgedeckt mindestens 1 Stunde ruhen lassen.

SCHRITT 3

Ordentlich Mehl auf einer sauberen Fläche verteilen und den klebrigen Teig mit einem bemehlten Nudelholz ca. 1 cm dick ausrollen. Die Donuts ausstechen. Die Donut-Rohlinge kurz ruhen lassen, währenddessen das **FRITTIERFETT** in einem Topf erhitzen.

SCHRITT 4

Die Donuts jetzt nach und nach von beiden Seiten goldbraun frittieren. Am besten vorsichtig mit einer Schöpfkelle ins Öl gleiten lassen, damit sie ihre Form behalten.

SCHRITT 5

Für die Glasur die **MILCH** mit dem **PUDERZUCKER** vermengen, bis eine geschmeidige Creme entsteht. Die Creme rosa einfärben und auf den Donuts verteilen. Zum Schluss mit bunten **STREUSELN** dekorieren.

NOTIZEN

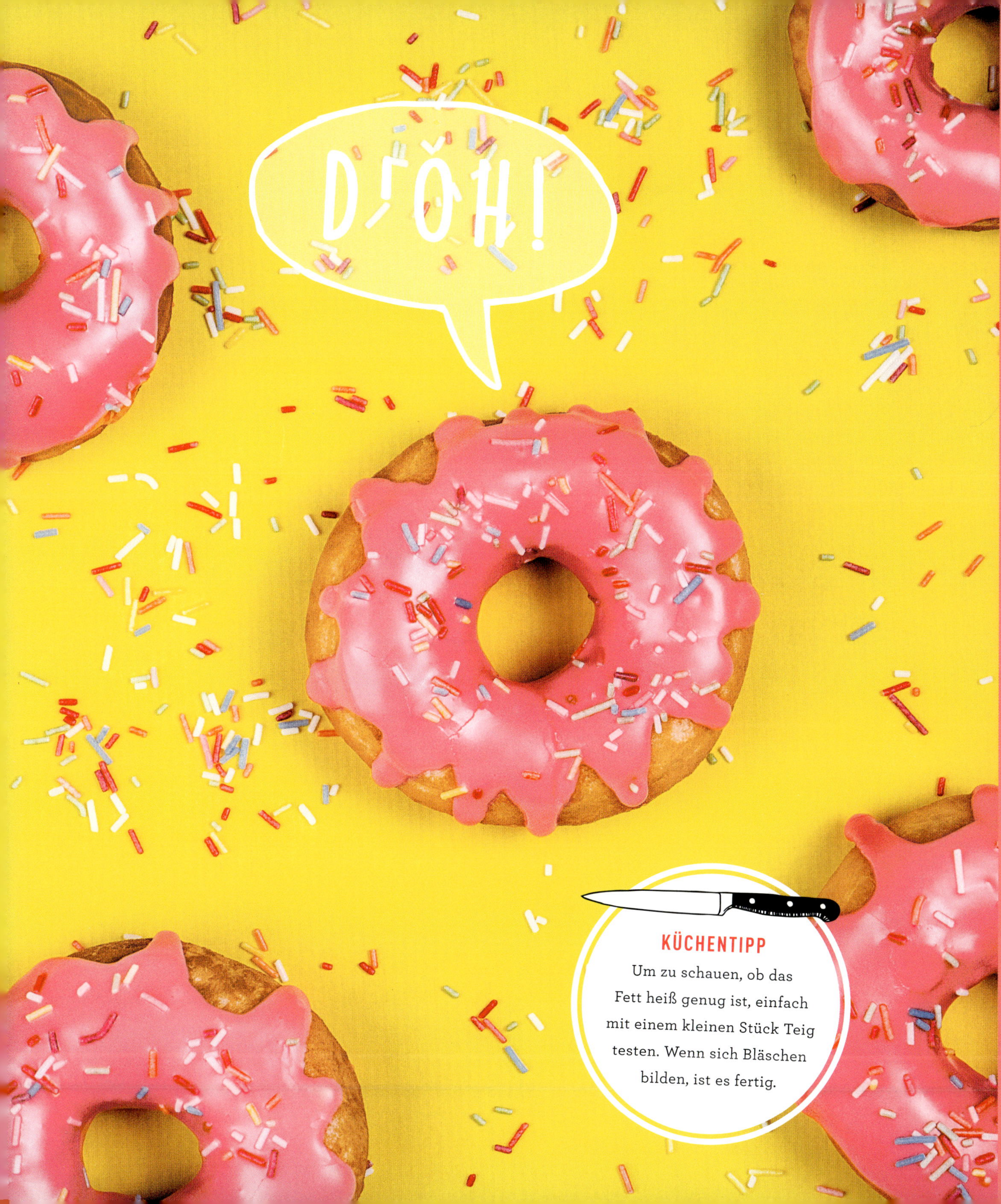

KÜCHENTIPP

Um zu schauen, ob das Fett heiß genug ist, einfach mit einem kleinen Stück Teig testen. Wenn sich Bläschen bilden, ist es fertig.

ZUTATEN FÜR 2 PORTIONEN:

200 g Erdbeeren

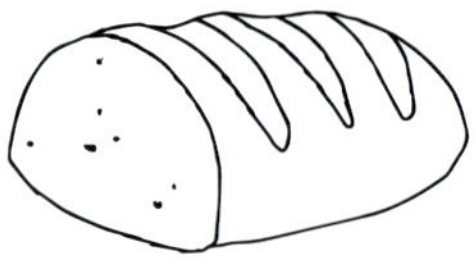

2 dicke Scheiben Brot nach Belieben

2 EL streichfester Honig

Wie schmeckt das Erdbeermarmeladenbrot mit Honig von »Toms Erdbeermarmeladenbrot mit Honig«?

Toms Aufgabe ist es, sich jeden Tag ein leckeres Erdbeermarmeladenbrot mit Honig zu besorgen. Eines Tages kann er sogar die Bienenkönigin von seiner Leibspeise kosten lassen.

SCHRITT 1

Die **ERDBEEREN** waschen, putzen, klein schneiden und in einem Sieb grob »zerquetschen«.

SCHRITT 2

Das Erdbeerpüree auf den **BROTSCHEIBEN** verteilen.

SCHRITT 3

Den **HONIG** als Klecks auf den Erdbeeren drapieren. Voilà! Das wohl einfachste Rezept der Welt.

NOTIZEN

TIPP

Den Erdbeersaft beim Zerquetschen auffangen. Lässt sich prima unter Joghurt rühren!

ZUTATEN FÜR 10 SCHNECKEN:

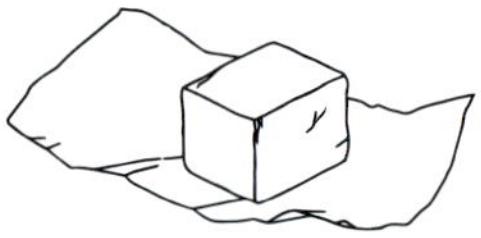

1 Würfel frische Hefe (42 g)
50 g weißer Zucker

100 ml lauwarmes Wasser

500 g Mehl
1 Prise Salz

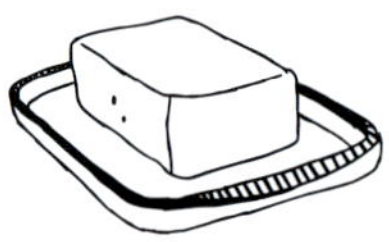

250 g weiche Butter

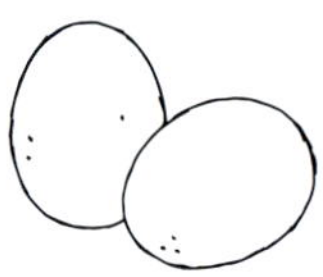

2 Eier
Mehl zum Arbeiten
150 g brauner Zucker
2 EL Zimt
150 g Puderzucker

5 EL Sahne

Wie schmecken die Zimtschnecken aus »Angela Anaconda«?

Gina Lash ist die beste Freundin von Angela und liebt Zimtschnecken. Mit den süßen Teilchen kann Nanette Manoir sie sogar dazu kriegen, ihr Nachhilfe zu geben.

SCHRITT 1

Die **HEFE** und **1 TL ZUCKER** in lauwarmem **WASSER** auflösen.

SCHRITT 2

Das **MEHL** mit dem restlichen **WEISSEN ZUCKER** und dem **SALZ** mischen. **125 G BUTTER** kurz in der Mikrowelle schmelzen und mit den **EIERN** und dem Hefewasser zum Mehl geben. Die Masse zu einem Teig verkneten und für mindestens 1 Stunde abgedeckt an einem warmen Ort ruhen lassen. Danach den Teig auf einer bemehlten Arbeitsfläche zu einem Rechteck ausrollen.

SCHRITT 3

BRAUNEN ZUCKER, **ZIMT** und restliche **BUTTER** verrühren. Mit etwa ⅔ davon den Teig bestreichen. Den Teig der Länge nach aufrollen und die Rolle mit einem Küchenmesser in jeweils 2–3 cm dicke Scheiben schneiden.

SCHRITT 4

Das Backblech mit Backpapier auslegen und die Schnecken darauf verteilen. Wichtig: genug Platz zwischen den einzelnen Rollen lassen, da diese noch weiter aufgehen werden. Die restliche Zucker-Zimt-Mischung auf die Zimtrollen streichen und sie im vorgeheizten Backofen bei 175 Grad (Umluft) für ca. 25 Min. backen. Danach abkühlen lassen.

SCHRITT 5

In einer Schüssel den **PUDERZUCKER** nach und nach mit der **SAHNE** vermengen. Die Glasur sollte cremig, aber nicht zu flüssig sein. Nun die Zimtschnecken mit der Glasur bestreichen oder Streifen darüberziehen.

ZUTATEN

FÜR DEN BISKUITBODEN:

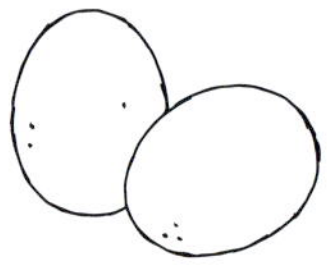

6 Eier

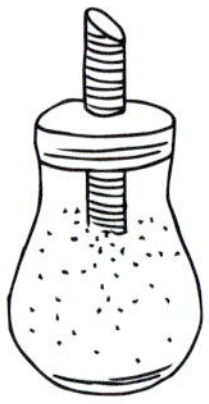

150 g Zucker
1 Prise Salz

1 TL Vanilleextrakt

250 g Mehl (Type 405)
1 TL Backpulver

AUSSERDEM:

Springform (ø 26 cm)

feines Sieb

Wie schmeckt L's Erdbeertorte aus »Death Note«?

Light Yagami, der hochintelligente Schüler und Hauptcharakter von »Death Note«, sitzt zusammen mit L, einem mysteriösen Meisterdetektiv, und Misa, einem Popsternchen der Serie, in L's Hauptquartier. Da sich L bei Desserts generell besser konzentrieren kann, denkt er bei einem Stück Torte über den Fall »Kira« nach.

TAG 1, SCHRITT 1

Für den Biskuitboden die **EIER** trennen und das Eiweiß mit **50 G ZUCKER** und dem **SALZ** steif schlagen.

TAG 1, SCHRITT 2

EIGELB, restlichen **ZUCKER** und **VANILLEEXTRAKT** in einer zweiten Schüssel verquirlen.

TAG 1, SCHRITT 3

Das **MEHL** mit dem **BACKPULVER** in einer dritten Schüssel vermengen und durch ein Sieb langsam zu der Eigelbmischung hinzugeben und verrühren.

TAG 1, SCHRITT 4

Das Eiweiß vorsichtig unterheben und die Masse in eine mit Backpapier ausgelegte Springform gießen. Bei 175 Grad (Umluft) für 35–40 Min. im vorgeheizten Backofen backen. Mit einem Holzspieß überprüfen, ob der Teig schon durchgebacken ist, und anschließend über Nacht abkühlen lassen. ›

NOTIZEN

DEATH
NOTE

ZUTATEN

FÜR DIE ERDBEERCREME-FÜLLUNG:

450 g Erdbeeren

300 ml Milch
400 g sehr weiche Butter
(nicht flüssig)
2 Pck. Tortencreme-Vanillepulver
(à 140 g)
12 schöne Erdbeeren zur Dekoration

FÜR DIE WEISSE SWISS-MERINGUE-CREME:

100 g pasteurisiertes Eiweiß
400 g Puderzucker
½ TL Salz
400 g weiche Butter

AUSSERDEM:

Mixer

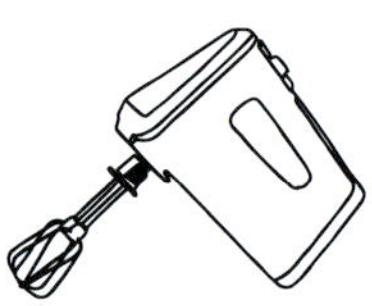

Handrührgerät
feines Sieb

TAG 2, SCHRITT 1

Für die Füllung **300 G DER ERDBEEREN** waschen, putzen, klein schneiden und zusammen mit der **MILCH** in einem Mixer pürieren.

TAG 2, SCHRITT 2

Erdbeermilch, **BUTTER** und **TORTENCREME-VANILLEPULVER** in einer Schüssel mit dem Handrührgerät zu einer Creme schlagen.

TAG 2, SCHRITT 3

Den Biskuitboden halbieren und auf der unteren Hälfte ⅔ der Erdbeercreme verteilen. Die restlichen **ERDBEEREN** waschen, putzen und der Länge nach in Scheiben schneiden. Die Erdbeerscheiben komplett auf der Creme auslegen, ein wenig eindrücken und den Rest der Creme darauf verteilen. Den zweiten Biskuitboden darauflegen.

TAG 2, SCHRITT 4

Für die weiße Creme das **EIWEISS** mit dem **SALZ** und dem **PUDERZUCKER** zu einer festen Masse aufschlagen. Den Puderzucker hierfür durch ein feines Sieb sieben. Anschließend die **BUTTER** esslöffelweise dazugeben und mit dem Handrührgerät alles zu einer festen, aber auch cremigen Masse rühren.

TAG 2, SCHRITT 5

Die weiße Creme nun auf dem Kuchen verteilen und glatt streichen. Wer möchte, kann mit einem Spritzbeutel und etwas Creme auch dekorative Muster zaubern. Die **12 ERDBEEREN** jetzt waschen, trocken tupfen und auf der Creme verteilen. Die Torte anschließend bis zum Servieren im Kühlschrank aufbewahren.

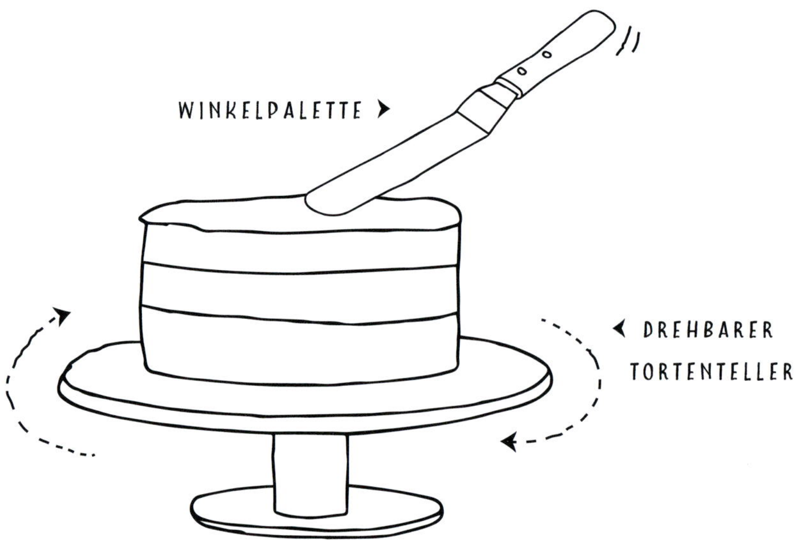

TIPP

Die Creme am besten mit einer Winkelpalette auf der Torte verteilen. Wenn man die Winkelpalette immer mal wieder mit Wasser befeuchtet und einen drehbaren Tortenteller hat, bekommt man auch ungeübt ein schönes, glattes Ergebnis.

ZUTATEN FÜR 8 ÄPFEL:

8 grüne Äpfel

400 g Zartbitterschokolade
400 g weiße Schokolade

3–5 EL Kokosfett

rote Lebensmittelfarbe

AUSSERDEM:

8 dicke Holzspieße

Messbecher

Wie schmeckt der verzauberte Apfel aus »Schneewittchen und die sieben Zwerge«?

Schneewittchen versteckt sich bei den sieben Zwergen vor ihrer bösen Stiefmutter. Da deren Zauberspiegel aber ständig sein »Hinter den sieben Bergen, bei den sieben Zwergen … « von sich gibt, verzaubert sie einen grünen Apfel erst giftig schwarz und dann schön rot, um ihn Schneewittchen zu geben und sie damit zu töten.

SCHRITT 1

Die **ÄPFEL** waschen, abtrocknen und den Stiel entfernen. Anschließend die Holzspieße durch das Gehäuse schieben.

SCHRITT 2

Einen tiefen Messbecher in einen Topf mit heißem, aber nicht kochendem Wasser stellen und die **ZARTBITTERSCHOKOLADE** in Stücken vorsichtig darin schmelzen. Die Kuvertüre darf keinen Wasserkontakt oder zu viel Wasserdampf abbekommen, da sie sonst klumpt oder nicht richtig fest wird.

SCHRITT 3

Die trockenen (!) Äpfel in die Schokolade tunken und die überschüssige Schokolade auf einem Gitter abtropfen lassen. Anschließend im Kühlschrank abkühlen und fest werden lassen.

SCHRITT 4

Jetzt die **WEISSE SCHOKOLADE** mit dem **KOKOSFETT** im Wasserbad schmelzen und mit der **ROTEN LEBENSMITTELFARBE** einfärben. Die Äpfel in die rote Schokolade tunken, abtropfen lassen und ein zweites Mal im Kühlschrank wieder fest werden lassen.

SCHRITT 5

Jetzt habt ihr einen Apfel, der von außen rot leuchtet, aber einen dunklen Kern verbirgt. Genauso wie der verzauberte Apfel, der erst dunkel aus dem Hexentopf kam und sich dann in einen schönen roten Apfel verwandelt hat.

KÜCHENTIPP

Lebensmittelfarbe lässt Schokolade ein bisschen klumpig werden. Hier hilft etwas Kokosfett, damit die Schokolade ihre flüssige Konsistenz behält.

ZUTATEN

FÜR DEN TEIG:

200 ml Sahne
3 Eier
150 g Zucker
1 Pck. Vanillezucker
300 g Mehl
1 Pck. Backpulver
Fett für das Backblech

FÜR DEN BELAG:

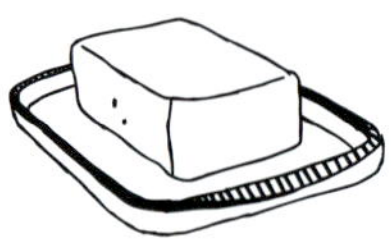

125 g Butter
125 g Zucker
100 g Mandelblättchen

3 EL Milch

AUSSERDEM:

Handrührgerät

feines Sieb

Wie schmeckt der Butterkuchen aus »Bibi und Tina«?

Die Auszeichnung zum »Kinderhof des Jahres« ist zum Greifen nah – wäre da nicht der völlig verwüstete Stall! Um die Herren der Prüfungskommission hinzuhalten, bietet ihnen Frau Martin ihren berühmten Butterkuchen an, während Bibi und Tina den Stall aufräumen.

SCHRITT 1

SAHNE, **EIER**, **ZUCKER** und **VANILLEZUCKER** mit einem Handrührgerät verrühren.

SCHRITT 2

MEHL und **BACKPULVER** in einer zweiten Schüssel mischen und durch ein Sieb nach und nach zu der flüssigen Masse hinzugeben. Alles zu einem cremigen Teig vermengen.

SCHRITT 3

Den Teig in das gefettete Backblech füllen und bei 180 Grad (Umluft) für 10 Min. im vorgeheizten Backofen backen.

SCHRITT 4

Während der Kuchen im Ofen ist, für den Belag die **BUTTER** in einem Topf langsam schmelzen und **ZUCKER**, **MANDELN** und **MILCH** dazugeben. So lange rühren, bis sich der Zucker aufgelöst hat (nicht kochen lassen!).

SCHRITT 5

Den Kuchen aus dem Ofen holen und die Mandelmasse gleichmäßig darauf verteilen. Den Kuchen danach für weitere 10 Min. in den Ofen stellen, herausnehmen und abkühlen lassen. Nach dem Abkühlen in kleine Rechtecke schneiden und servieren!

NOTIZEN

HEX HEX!

ZUTATEN FÜR 55 KEKSE:

FÜR DEN TEIG:

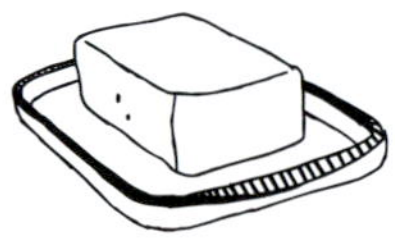

250 g weiche Butter

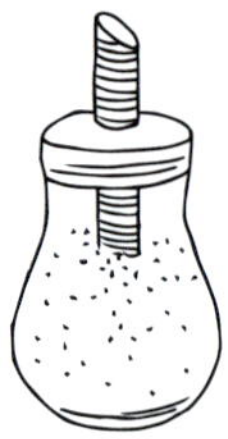

200 g Zucker
1 Ei
1 TL Vanilleextrakt

450 g Mehl
2 TL Backpulver
½ TL Salz
Mehl zum Arbeiten

FÜR DIE GLASUR:

200 g Puderzucker
30 g pasteurisiertes Eiweiß
oder 3–4 EL Sahne
ggf. Wasser
Lebensmittelfarben nach Belieben
Lebensmittelstifte zum Dekorieren

AUSSERDEM:

Handrührgerät
Keksausstecher

Wie schmecken die »Eat Me«-Kekse aus »Alice im Wunderland«?

Alice ist dem weißen Kaninchen ins Wunderland gefolgt. Nachdem sie einen Schluck vom blauen Saft getrunken hat, schrumpft sie. Herr Knauf bietet ihr deshalb Kekse an, durch die sie wieder größer wird.

SCHRITT 1

BUTTER, **ZUCKER**, **EI** und **VANILLEEXTRAKT** in einer Schüssel mit dem Handrührgerät zu einer glatten Masse verrühren. **MEHL**, **BACKPULVER** und **SALZ** in einer zweiten Schüssel mischen und nach und nach zu der Buttermasse hinzugeben. Mit den Händen zu einem festen Teig kneten. Den Teig im Kühlschrank für 30 Min. ruhen lassen.

SCHRITT 2

Die Arbeitsfläche mehlen und den Teig ca. 5 mm dünn ausrollen. Mit Förmchen ausstechen und auf dem mit Backpapier ausgelegten Backblech bei 170 Grad (Umluft) für 7–10 Min. backen. Die Kekse sollten nicht zu dunkel werden. Auf einem Rost abkühlen lassen.

SCHRITT 3

Für die Glasur den **PUDERZUCKER** mit **EIWEISS** oder **SAHNE** verrühren. Falls die Masse zu fest oder zu flüssig ist, in kleinen Schritten ein wenig **WASSER** oder **PUDERZUCKER** nachgeben.

SCHRITT 4

Die Zuckerglasur auf mehrere Schüsseln aufteilen und mit den entsprechenden **LEBENSMITTELFARBEN** vermengen. Die Glasur auf den Keksen verteilen und gut trocknen lassen, ehe die Dekoration aufgemalt wird.

NOTIZEN

Das Eiweiß sollte pasteurisiert sein, damit es roh zum Verzehr geeignet ist. Sahne tut es sonst auch. Die braucht allerdings länger zum Trocknen und ist nicht so fest für die Dekoration.

ZUTATEN FÜR 6 PORTIONEN:

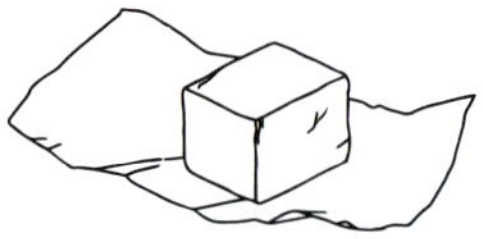

½ Pck. Trockenhefe

60 ml lauwarmes Wasser
50 g Zucker
130 ml Kondensmilch
1 Ei
½ TL Salz
120 ml Wasser
2 EL ungehärtetes Pflanzenfett
450 g Mehl
Mehl zum Arbeiten
Öl zum Frittieren
Puderzucker

Honig

AUSSERDEM:

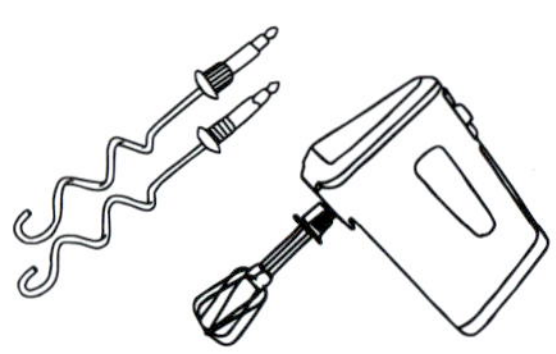

Handrührgerät mit Knethaken
Schöpfkelle

Wie schmecken die *Beignets* aus »Küss den Frosch«?

Die Beignets, die Tiana in Dukes' Café in New Orleans zubereitet, sind stadtbekannt. Sie soll sie für einen Maskenball zu Ehren von Prinz Naveen backen, doch dann, na ja, werden sie und der Prinz zu Fröschen, und der Rest ist romantische Geschichte.

SCHRITT 1

Die **HEFE** in lauwarmem **WASSER** mit **1 TL ZUCKER** auflösen. **KONDENSMILCH**, **EI**, den restlichen **ZUCKER** und **SALZ** hinzufügen und alles gut vermischen.

SCHRITT 2

Das **WASSER** für 30 Sek. in der Mikrowelle erhitzen. Das **PFLANZENFETT** im heißen Wasser schmelzen. Zur Kondensmilch-Mischung geben und verrühren. Das **MEHL** hinzugeben und mit dem Knethaken des Handrührgeräts durchkneten, bis ein geschmeidiger Teig entsteht.

SCHRITT 3

Den Teig bei Zimmertemperatur abgedeckt aufgehen lassen: mindestens 1–2 Stunden, aber am besten über Nacht.

SCHRITT 4

Den Teig auf einer bemehlten Fläche ca. 1 cm dick ausrollen, in Quadrate schneiden und auf mittlerer Hitze in reichlich heißem **FETT** ausbacken. Die Beignets wenden, bis sie von beiden Seiten goldgelb sind. Mit einer Schöpfkelle aus dem Fett heben und auf Küchenpapier abtropfen lassen. Mit **PUDERZUCKER** und flüssigem **HONIG** dekorieren und warm servieren.

NOTIZEN

TIPP

Der Teig gelingt am besten, wenn er über Nacht aufgehen kann.

ZUTATEN FÜR 8 STÜCK:

300 g Mehl
1 Prise Salz
½ TL Natron

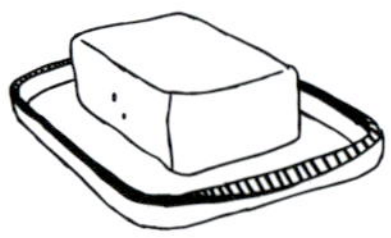

120 g Butter
¼ TL Nelkenpulver
1 TL Vanilleextrakt
½ TL Zimt
¼ TL Muskatnusspulver
50 ml Wasser
100 g brauner Zucker
50 g heller Sirup
50 g Honig
1 Ei
Mehl zum Arbeiten
Zuckerschrift (weiß, rot)

Gummidrops

AUSSERDEM:

Nudelholz
Pfefferkuchenmann-Ausstechform

Wie schmeckt der Pfefferkuchenmann aus »Shrek«?

In einer dramatischen Szene wird der kleine Pfefferkuchenmann von Lord Farquaard gefoltert, der wissen will, wo sich weitere Fabelwesen aufhalten. Dafür hat er dem Gebäckmännchen sogar die Beine abgetrennt!

SCHRITT 1

MEHL, **SALZ**, **NATRON** und **BUTTER** in einer großen Schüssel vermischen, dann die **GEWÜRZE** (Nelke, Vanille, Zimt und Muskatnuss) hinzufügen. Nach und nach das **WASSER** dazugeben, bis alles krümelig wird.

SCHRITT 2

ZUCKER, **SIRUP**, **HONIG** und **EI** hinzufügen und alles durchkneten, bis ein glatter Teig entsteht.

SCHRITT 3

Die Arbeitsfläche mehlen und den Teig ausrollen. Das Nudelholz dabei weiter gut mit Mehl bestäuben, damit nichts klebt. Mit der Ausstechform die Pfefferkuchen ausstechen.

SCHRITT 4

Die Pfefferkuchen auf einem mit Backpapier ausgelegten Backblech bei 180 Grad (Umluft) für 10–12 Min. im vorgeheizten Backofen backen.

SCHRITT 5

Nach dem Abkühlen die Pfefferkuchen mit der **ZUCKERSCHRIFT** dekorieren (Augen, Arme, Beine) und 2 **GUMMIDROPS** als Knöpfe mithilfe der **ZUCKERSCHRIFT** festkleben.

NOTIZEN

»Do you know the muffin man? The muffin man, the muffin man. Do you know the muffin man who lives in Drury Lane?« ist übrigens ein englischer Kinderreim!

Serien

FORSCHER VON RENOMMIERTEN UNIVERSITÄTEN behaupten, dass eine neue Generation im Anmarsch ist. In Jogginghosen und XXL-T-Shirts streifen ihre Vertreter durch ihre Wohnungen, die Fernbedienung in der einen und die Pizza in der anderen Hand. Ihre größte Angst: »Spoiler Alert«. Ihr Ziel: ein Wochenende, eine Serie und so viele Folgen wie möglich schaffen. »Binge Watching« nennt sich diese Disziplin, und gäbe es einen Wettkampf dafür, ich würde Gold mit nach Hause bringen. Wem das alles nichts sagt, der hat wahrscheinlich keinen Streaming-Anbieter (oder zwei oder drei …) und den Sinn des modernen Lebens vollkommen verpennt.

ZUTATEN FÜR 1 SANDWICH:

100 g Bacon

1 Baguette

1 EL frisch gehackte Hanfkräuter (Reformhaus)

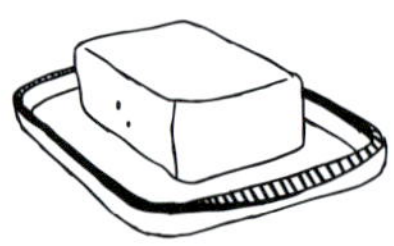

2 EL weiche Butter
2 EL Mayonnaise
2 EL Dijon-Senf
einige Blätter Kopfsalat

1 Tomate
100 g Truthahnbrustaufschnitt
150 g Eiersalat
5 Scheiben Sandwichkäse
Hanföl (Reformhaus)
Balsamico-Creme

Salz & Pfeffer

Wie schmeckt das Sandwich aus »How I Met Your Mother«?

Da die Serie »How I Met Your Mother« darauf basiert, dass Ted seinen Kindern die Geschichte seines Lebens erzählt, braucht er eine Metapher, um kinderfreundlich davon berichten zu können, dass er, Lily und Marshall auf dem College gekifft haben. Das Sandwich dient hierbei als Joint-Ersatz.

✶ ✶

SCHRITT 1

Den **BACON** im Ofen bei 150 Grad (Umluft) knusprig backen.

SCHRITT 2

Das **BAGUETTE** ggf. aufbacken, dann längs aufschneiden. Die **HANFKRÄUTER** mit der **BUTTER** vermengen und damit eine Baguettehälfte bestreichen, die andere mit **MAYONNAISE** und **SENF**.

SCHRITT 3

Den **KOPFSALAT** waschen, trocken schütteln, klein zupfen und auf die untere Baguettehälfte legen. Die **TOMATEN** waschen, in Scheiben schneiden und zusammen mit dem **BACON**, der **TRUTHAHNBRUST**, dem **EIERSALAT** und dem **KÄSE** auf dem Salat verteilen.

SCHRITT 4

Etwas **HANFÖL** und **BALSAMICO-CREME** über den Belag träufeln und **SALZ** und **PFEFFER** darüberstreuen. Das Baguette zuklappen und je nach Geschmack die Resthitze des Backofens dazu nutzen, den Käse zum Schmelzen zu bringen.

NOTIZEN

Das Sandwich wird immer wieder mit anderen Zutaten gezeigt. Ich habe mich daher für das New York Club Sandwich entschieden. Mit Hanföl und Hanfkräutern bekommt es eine Verbindung zur Joint-Metapher.

ZUTATEN

FÜR DIE GUACAMOLE:

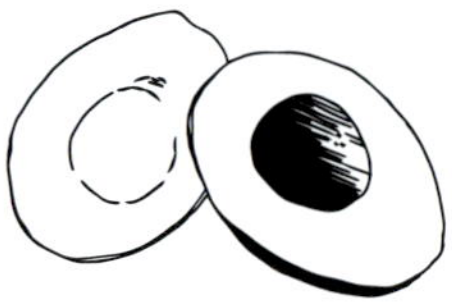

1 Avocado

1 Handvoll frisch gehackter Koriander

1 Prise Salz

1 Prise Pfeffer

Saft von ½ Limette

1 EL griechischer Joghurt

FÜR DIE SÜSSKARTOFFELCHIPS:

500 g Süßkartoffeln

1 Prise Salz & 1 Prise Pfeffer

3 EL Olivenöl

Wie schmeckt die Guacamole aus »Queer Eye«?

Die erste Folge »Queer Eye« war bereits herrlich emotional. Ein bärtiger, verschlossener Texaner taut unter der liebevollen Obhut der Fab Five richtig auf und erobert letztlich sogar das Herz seiner wahren Liebe zurück. Tex-Mex-Food ist seine zweite große Liebe.

SCHRITT 1

Für die Guacamole die **AVOCADO** halbieren und das Fruchtfleisch mit einem Löffel auslösen.

SCHRITT 2

In einer Schüssel die Avocado zusammen mit **KORIANDER**, **SALZ** und **PFEFFER** mit einer Gabel zerquetschen und cremig rühren. Den **LIMETTENSAFT** und den **JOGHURT** dazugeben und alles miteinander vermengen.

SCHRITT 3

Für die Chips die **SÜSSKARTOFFELN** schälen und in dünne Scheiben schneiden. Diese mit einem Küchentuch trocken tupfen.

SCHRITT 4

Die Scheiben in einer Schüssel mit **SALZ**, **PFEFFER** und **OLIVENÖL** marinieren, dann auf einem Backblech auf Backpapier auslegen und bei 170 Grad (Umluft) für ca. 20 Min. backen. Nach 10 Min. die Scheiben einmal wenden. Die Backzeit variiert je nach Dicke der Scheiben.

SCHRITT 5

Die Chips auf einem Rost abkühlen lassen, damit sie schön knusprig bleiben, dann zusammen mit der Guacamole servieren.

NOTIZEN

TIPP

Eine Guacamole kann man, wie auch in der Serie gezeigt, super mit Nachos servieren. Ich würde euch aber empfehlen, eure eigenen Süßkartoffelchips dazu zu machen.

ZUTATEN FÜR 6 TACOS:

1 ½ Zwiebeln

1 Knoblauchzehe
Pflanzenöl
250 ml passierte Tomaten
50 ml Gemüsebrühe

2 TL frisch gehacktes Basilikum
Salz
Pfeffer
Zucker

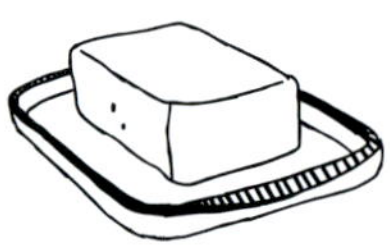

2 TL Butter
200 g Hackfleisch (oder vegetarische Hackbällchen)
1 Eigelb

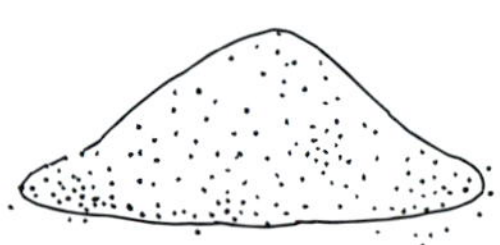

2–3 EL Paniermehl
1 TL Senf
Paprikapulver edelsüß
200 g Spaghetti
6 Taco-Schalen

Wie schmecken die Spaghetti-Tacos aus »iCarly«?

Liebe geht bekanntlich durch den Magen. Deswegen ist das Essen für ein erstes Date auch besonders wichtig. Daher kocht Carlys Bruder Spencer für seine Auserwählte ein kulinarisches Highlight: Spaghetti-Tacos!

SCHRITT 1

1 ZWIEBEL und den **KNOBLAUCH** schälen und klein schneiden. Die Zwiebelwürfel in einer Pfanne in Öl anschwitzen, den Knoblauch etwas später dazugeben. Danach die **PASSIERTEN TOMATEN** hinzufügen.

SCHRITT 2

Die **GEMÜSEBRÜHE** zur Tomatensoße geben. Etwas einkochen lassen und dann mit **BASILIKUM**, **SALZ**, **PFEFFER** und **ZUCKER** abschmecken.

SCHRITT 3

Entweder die vegetarischen **HACKBÄLLCHEN** in einer Pfanne anbraten oder die **½ ZWIEBEL** ebenfalls schälen, würfeln und in einer Pfanne mit **BUTTER** glasig dünsten. Zum Hackfleisch geben und mit **EIGELB**, **PANIERMEHL** und **SENF** vermengen. Mit **SALZ**, **PFEFFER** und **PAPRIKAPULVER** würzen. Kleine Bällchen formen und diese rundherum in einer Pfanne mit etwas **ÖL** braten.

SCHRITT 4

Die Spaghetti nach Packungsangabe in Salzwasser kochen, abgießen und mit der Tomatensoße mischen. Anschließend die Nudeln in die **TACO-SCHALEN** füllen und die Hackbällchen obenauf anrichten.

NOTIZEN

KÜCHENTIPP

Angeschwitzte Zwiebeln geben Hackbällchen ein viel feineres Aroma als rohe. Es lohnt sich!

ZUTATEN FÜR 4 FRIKADELLEN:

100 g Mais-Chips
(keine Tortilla-Chips!)

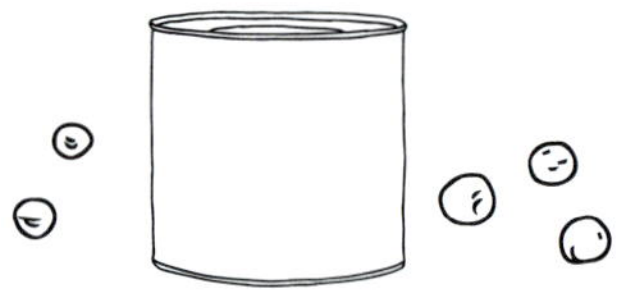

150 g junge Erbsen aus der Dose

1–2 EL Wasser

Salz & Pfeffer
Paprikapulver edelsüß

AUSSERDEM:

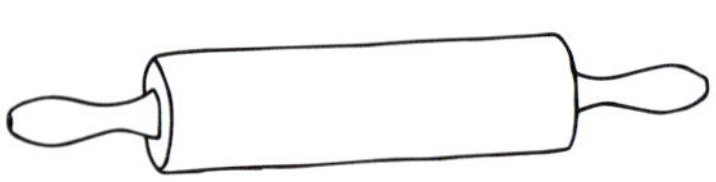

evtl. Nudelholz

Wie schmecken die Erbsen-Chips-Frikadellen aus »Orange Is the New Black«?

Die schweigsame Gefangene Chang zaubert aus Erbsen, Wasser, Chips und der Mikrowelle diese durchaus schmackhaften Erbsen-Chips-Frikadellen.

✷ ✷

SCHRITT 1

Die **MAIS-CHIPS** in der geschlossenen Tüte zerbröseln. Auf die authentischste Art würde man ein kleines Loch in die Tüte stechen, sie mit einem Küchentuch umwickeln, auf den Boden legen und die Chips darin mit den Füßen zerstampfen. Es geht aber auch mit einem Nudelholz.

SCHRITT 2

Chips-Krümel, abgetropfte **ERBSEN** und **WASSER** in einer Schüssel mit den Händen zu einer Masse kneten. Bei Bedarf mit **SALZ**, **PFEFFER** und **PAPRIKAPULVER** abschmecken und kleine Frikadellen formen.

SCHRITT 3

Die Frikadellen in einer Mikrowelle mit Grillfunktion oder im Backofen bei 180 Grad (Umluft) für ein paar Minuten goldbraun backen.

NOTIZEN

Sie schmecken ganz gut, besonders mit Ketchup. Besser würden sie aber in Kombination mit einem normalen Frikadellen-Rezept schmecken. Das wären dann aber eben nur Frikadellen nach »Orange Is the New Black«-Art.

ZUTATEN FÜR 8 PORTIONEN:

500 g Sauerkraut

500 g Weißkohl
5 Wacholderbeeren

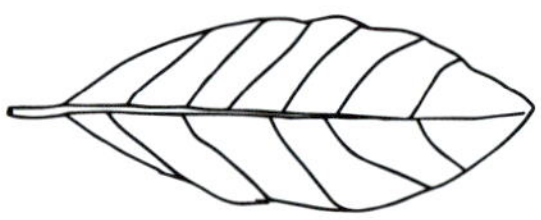

3 Lorbeerblätter

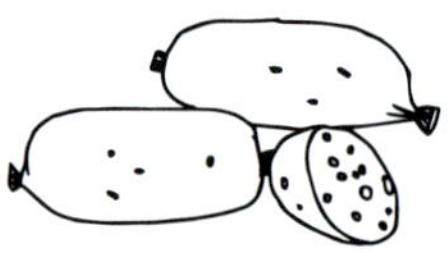

3 Mettwürste
400 g Kasseler
125 g Speckwürfel
1 EL Öl

1 Gemüsezwiebel
2 EL Tomatenmark

Salz & Pfeffer

Wie schmeckt das Bigos aus »Wishlist«?

»Wishlist« ist eine richtig gute Webserie auf YouTube. Das Rezept für das polnische Traditionsgericht Bigos kommt von der Großmutter einer der Protagonistinnen, Janina. Da ich auch polnische Wurzeln habe, hat es mich besonders gefreut, Bigos in einer Serie zu sehen!

SCHRITT 1

Das **SAUERKRAUT** in einem großen Topf anschwitzen. Den **WEISSKOHL** klein schneiden und mit **WACHOLDERBEEREN**, **LORBEERBLÄTTERN** und geschnittenen **METT-WÜRSTEN** zum Sauerkraut geben. Bei geschlossenem Deckel köcheln lassen.

SCHRITT 2

Das **KASSELER** würfeln und mit dem **SPECK** und dem **ÖL** in einer Pfanne anbraten.

SCHRITT 3

Die **ZWIEBEL** schälen, klein hacken und zum Fleisch geben. Mit dem **TOMATENMARK** einige Minuten weiterbraten, dann alles zu Kraut und Kohl geben.

SCHRITT 4

Auf kleiner Hitze mit geschlossenem Deckel alles gut durchziehen lassen, bis der Kohl und das Kraut weich sind. Wenn möglich, die Wacholderbeeren und die Lorbeerblätter entfernen. Eventuell mit **SALZ** und **PFEFFER** nachwürzen und dann deftig genießen!

NOTIZEN

Bigos ist im Grunde Kohl und Kraut gemischt mit Fleisch. Die Fleischsorten variieren in allen Bigos-Rezepten. Packt rein, was euch gut schmeckt!

ZUTATEN FÜR 2 PORTIONEN:

1 Zwiebel

2 Knoblauchzehen

3 EL Olivenöl

4 EL Tomatenmark

150 ml Gemüsebrühe

1 Dose stückige Tomaten (400 g)

Salz

Pfeffer

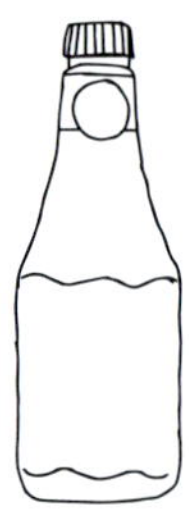

2 EL Ketchup

1 TL Honig

3 TL Basilikum (getr. oder TK)

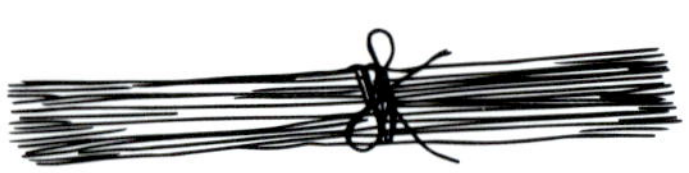

250 g Spaghetti

200 g Wiener (oder vegetarische) Würstchen

1 TL Butter

Wie schmecken die Spaghetti mit Würstchen aus »The Big Bang Theory«?

Sheldon verabredet sich mit Penny zum Spaghetti-Essen. Er isst sehr gerne Spaghetti mit Würstchen, so wie er es von seiner Mama aus Texas kennt.

* *

SCHRITT 1

Die ZWIEBEL und den KNOBLAUCH schälen und klein schneiden. Die Zwiebel auf mittlerer Hitze in OLIVENÖL anschwitzen und etwas später den Knoblauch hinzugeben.

SCHRITT 2

Das TOMATENMARK kurz in der Pfanne mitrösten, dann mit der GEMÜSEBRÜHE ablöschen.

SCHRITT 3

Die DOSENTOMATEN hinzugeben und einige Minuten köcheln lassen. Mit SALZ, PFEFFER, KETCHUP, HONIG und BASILIKUM abschmecken. Die Soße weiter köcheln lassen.

SCHRITT 4

Die SPAGHETTI in kochendem Salzwasser nach Packungsanleitung kochen. Währenddessen die WÜRSTCHEN klein schneiden und in BUTTER anbraten.

SCHRITT 5

Die Nudeln abgießen und mit der Soße und den Würstchen anrichten.

NOTIZEN

TIPP

Zu diesem Gericht gehört für Sheldon ein Erdbeer-Milkshake. Klingt komisch, ist aber so. Probiert doch mal den aus »Riverdale« auf Seite 108!

ZUTATEN FÜR 6 WAFFELN:

FÜR DIE WAFFELN:

175 g Mehl
1 TL Natron
1 Prise Salz

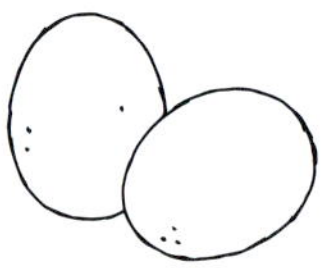

3 Eier

50 g weiche Butter

50 g Zucker

1 TL Vanilleextrakt
200 ml Milch
Sonnenblumenöl

FÜR DIE DEKO:

Marshmallow-Creme
oder Sprühsahne
Jelly Beans
Hershey's Kisses (Schokodrops)

Wie schmeckt der Triple Decker Eggo Extravaganza aus »Stranger Things«?

Jeder weiß: Die kleine Elf liebt Eggo-Waffeln. Um sie aufzumuntern, bereitet ihr Chief Hopper eine ganz »extravagante« Version zu. Da wir in Deutschland keine fertigen Eggo-Waffeln haben, backen wir ganz normale. Schmeckt trotzdem!

✷ ✷

SCHRITT 1

Für die Waffeln das MEHL mit dem NATRON und dem SALZ in einer Schüssel vermischen.

SCHRITT 2

In einer zweiten Schüssel die EIER mit BUTTER, ZUCKER, VANILLEEXTRAKT und MILCH verrühren. Danach mit der Mehlmischung vermengen, bis keine Klümpchen mehr übrig sind. Den Teig 20 Min. ruhen lassen.

SCHRITT 3

Das Waffeleisen mit etwas ÖL fetten und nacheinander die Waffeln backen. Dann kurz auskühlen lassen.

SCHRITT 4

Jede Waffel mit der MARSHMALLOW-CREME oder SPRÜHSAHNE bestreichen, aufeinanderstapeln und mit den JELLY BEANS und SCHOKODROPS dekorieren.

NOTIZEN

ABCDEFGH
IJKLMNOP Q
RSTUVWXYZ

ZUTATEN FÜR 1 MILKSHAKE:

150 g Erdbeeren (frisch oder TK)

3 EL Ahornsirup

3 EL Joghurteis

200 ml Milch

1 Erdbeere zur Dekoration

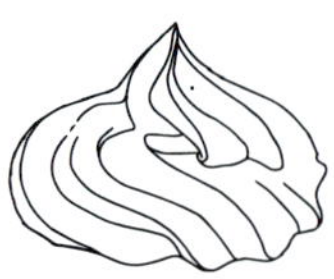

Sprühsahne

Zuckerstreusel

AUSSERDEM:

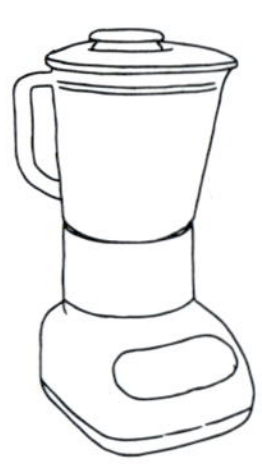

Mixer

Wie schmeckt der Erdbeer-Milkshake aus »Riverdale«?

In Pop's Diner treffen sich die Freunde aus Riverdale regelmäßig. Zu den leckeren Burgern und Pommes darf natürlich ein Milkshake nicht fehlen. Der Erdbeer-Milkshake ist dabei Archies Wahl.

SCHRITT 1

Im Mixer **ERDBEEREN**, **AHORNSIRUP**, **JOGHURTEIS** und **MILCH** mixen. Den Shake in ein Milkshakeglas umfüllen.

SCHRITT 2

Die **DEKO-ERDBEERE** von unten anschneiden und an den Rand des Glases stecken.

SCHRITT 3

Den Shake mit der **SPRÜHSAHNE** verzieren und mit **ZUCKERSTREUSELN** dekorieren.

NOTIZEN

TIPP

Ein Strohhalm aus Glas ist eine gute Alternative zu den üblichen Strohhalmen aus Plastik!

ZUTATEN

FÜR DEN TEIG:

250 g Mehl
1 TL Salz
100 g ungehärtetes Pflanzenfett
50 ml kaltes Wasser
Fett für die Form

FÜR DIE CREME:

4 Eigelb
200 ml Sahne

300 ml Milch
2 EL Speisestärke
100 g Zucker
3 EL Butter
1 TL Vanilleextrakt
100 g Kokoschips

FÜR DAS TOPPING:

400 ml Sahne
3 EL Zucker
2 Pck. Sahnesteif

AUSSERDEM:

Pie-Backform

Wie schmeckt die Kokosnusscremetorte aus »iCarly«?

Freddie kennt die fantastische Kokosnusscremetorte aus Mr. Galinis Pie-Shop noch nicht. Daher geht er gemeinsam mit Carly, Sam und Spencer zu einem ausgiebigen Kuchenessen.

SCHRITT 1

Für den Teig **MEHL**, **SALZ**, **PFLANZENFETT** und **WASSER** vermengen und so lange kneten, bis ein glatter Teig entsteht. Den Teig ausrollen und die gefettete Pie-Form damit auslegen. Mit einer Gabel kleine Löcher in den Teig stechen.

SCHRITT 2

Den Teig im vorgeheizten Backofen bei 190 Grad (Umluft) backen, bis die Kruste goldbraun ist.

SCHRITT 3

Für die Creme in einem Topf **EIGELB** mit **SAHNE**, **MILCH**, **SPEISESTÄRKE** und **ZUCKER** verrühren, aufkochen und für 1 Min. köcheln lassen. Dabei ständig umrühren, damit nichts anbrennt. Den Topf von der Herdplatte nehmen, **BUTTER**, **VANILLEEXTRAKT** und **KOKOSCHIPS** zur Creme hinzufügen und nochmals gut umrühren.

SCHRITT 4

Die Creme in auf den Pie-Boden geben und gut abkühlen lassen. Währenddessen für das Topping die **SAHNE** mit dem **ZUCKER** und dem **SAHNESTEIF** aufschlagen und zum Schluss auf dem abgekühlten Kuchen verteilen.

NOTIZEN

Galini's
Pieshop
REZEPT

Wie schmeckt der Kürbiskuchen aus »Gossip Girl«?

Im Hause Waldorf war es lange Zeit Tradition, dass Blair jedes Jahr gemeinsam mit ihrem Vater einen Kürbiskuchen zum Thanksgiving-Dinner backt. Nachdem ihr Vater jedoch ausgezogen ist, bleibt nur noch die schmerzliche Erinnerung.

ZUTATEN

FÜR DIE FÜLLUNG:

2 kl. Hokkaido-Kürbisse (ca. 2 kg)
¼ TL ger. Muskatnuss
1 TL Zimtpulver
½ TL Salz
½ TL Ingwerpulver

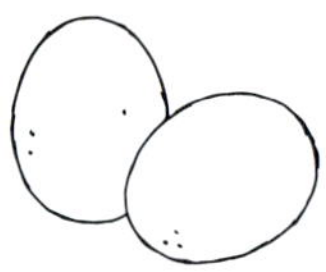

2 Eier
120 ml Sahne
2 EL Speisestärke
100 g brauner Zucker

FÜR DEN TEIG:

50 g Mehl
1 TL Salz
100 g ungehärtetes Pflanzenfett
50 ml kaltes Wasser
Fett für die Form

AUSSERDEM:

Stabmixer
Handrührgerät
Pie-Backform

SCHRITT 1

Für die Füllung die **KÜRBISSE** vierteln, entkernen und bei 180 Grad (Umluft) für 20 Min. backen. Anschließend gut abkühlen lassen, die Schale entfernen und das Fruchtfleisch mit einem Stabmixer oder einer Gabel zu Püree verarbeiten.

SCHRITT 2

GEWÜRZE (Muskat, Zimt, Salz, Ingwer), **EIER**, **SAHNE**, **SPEISESTÄRKE** und **ZUCKER** miteinander vermengen. Das Kürbispüree hinzugeben und mit einem Handrührgerät verrühren.

SCHRITT 3

Für den Teig **MEHL**, **SALZ**, **PFLANZENFETT** und **WASSER** so lange kneten, bis ein glatter Teig entsteht. Den Teig gleichmäßig ausrollen und die gefettete Pie-Form damit auslegen. Mit einer Gabel kleine Löcher hineinstechen, damit sich der Teig nicht aufbläht. Für 5 Min. bei 180 Grad (Umluft) backen, bis die Kruste knusprig braun ist.

SCHRITT 4

Die Kürbisfüllung auf der Pie-Kruste verteilen. Den Pie bei 175 Grad (Umluft) für 40–50 Min. backen. Danach mindestens 3 Stunden, besser über Nacht, kalt stellen.

NOTIZEN

TIPP

Am besten am Vortag vorbereiten, damit der Pumpkin Pie gut durchziehen kann!

ZUTATEN FÜR 2–3 BECHER:

400 ml Milch

50 g Zartbitterschokolade

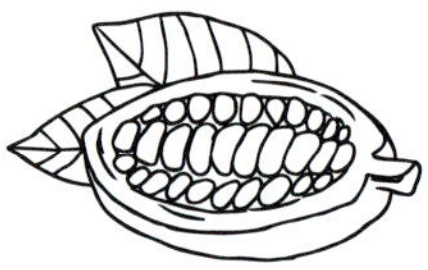

50 g Vollmilchschokolade
2–3 EL Kakaopulver

2 EL Zucker

Sprühsahne

Wie schmeckt die heiße Schokolade aus »Tote Mädchen lügen nicht«?

Das Monet's ist der Treffpunkt für Hannah und ihre Freunde Jessica und Alex. Alex probiert buchstäblich die ganze Karte, aber Hannah und Jessica schwören auf die heiße Schokolade. Hannah beschreibt sogar ihre Freundschaft wie heiße Schokolade: gut für die kalte Jahreszeit, aber nicht unbedingt für die anderen Monate.

SCHRITT 1

Die **MILCH** in einem Topf langsam erhitzen.

SCHRITT 2

Die **ZARTBITTERSCHOKOLADE** und die **VOLLMILCHSCHOKOLADE** in kleinen Stücken in der Milch schmelzen.

SCHRITT 3

Das **KAKAOPULVER** und den **ZUCKER** hinzugeben und so lange verrühren, bis sich alles aufgelöst hat.

SCHRITT 4

Die heiße Schokolade in Tassen füllen und mit einer ordentlichen Haube **SPRÜHSAHNE** bedecken. Mit **KAKAOPULVER** verzieren und fertig!

NOTIZEN

13
UR

ZUTATEN FÜR 12 KÜCHLEIN:

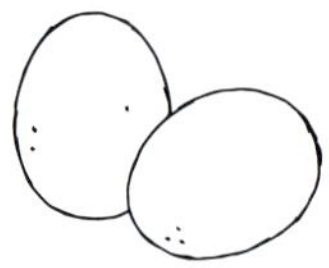

3 Eier
160 g Rohrzucker

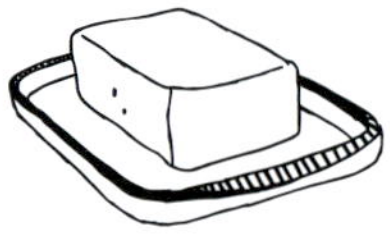

100 g weiche Butter

1 TL Vanilleextrakt
140 ml Mandelmilch
200 g Vollkornmehl
½ Pck. Backpulver

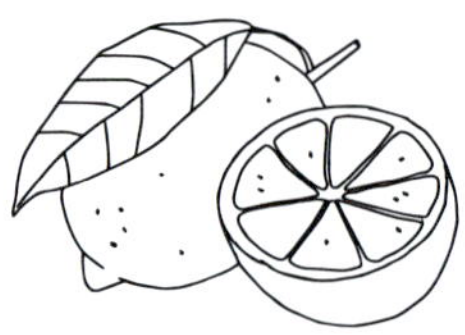

2 unbehandelte Zitronen
Butter für die Form
12 EL Zitronenmarmelade
4 EL Zucker

AUSSERDEM:

feines Sieb
Reibe
12er-Muffin-Form

Wie schmecken die Lemon Cakes aus »Game of Thrones«?

Sansa erzählt Olenna und Margaery Tyrell, was sie wirklich von ihrem zukünftigen Ehemann Joffrey hält. (Spoiler: nicht viel!) Dabei essen sie Sansas Lieblingsgebäck: Zitronenküchlein.

SCHRITT 1

Die **EIER** in einer Schüssel schaumig schlagen und den **ROHRZUCKER** unterheben. Dann die **BUTTER** hinzugeben und alles so lange verrühren, bis ein glatter Teig entsteht. Dann den **VANILLEEXTRAKT** und die **MANDELMILCH** unterrühren.

SCHRITT 2

Das **VOLLKORNMEHL** zusammen mit dem **BACKPULVER** durch ein Sieb schütten und unter den Teig rühren. **1 ZITRONE** heiß abwaschen und halbieren. Von der Zitronenhälfte mit einer Reibe die Zitronenschale abreiben, dann mit der Hand den Saft auspressen. Beides zur Masse geben.

SCHRITT 3

Die Muffin-Form mit einem Stück **BUTTER** fetten und jeweils **1 TL ZITRONENMARMELADE** in die Mulden der Form geben. Danach mit dem Teig auffüllen. Die Küchlein bei 175 Grad (Umluft) für ca. 30 Min. backen.

SCHRITT 4

Die restlichen **1½ ZITRONEN** in 12 Scheiben schneiden. In einem Topf etwas Wasser (sodass die Scheiben gerade so bedeckt sind) mit dem **ZUCKER** erhitzen und die Zitronen darin 5 Min. köcheln lassen.

SCHRITT 5

Zum Abschluss die Lemon Cakes vorsichtig aus der Form stürzen, die Oberfläche ggf. leicht begradigen und mit einer Zitronenscheibe servieren.

THE NORTH REMEMBERS

ZUTATEN FÜR CA. 6 PANCAKES:

200 g Mehl
1 TL Backpulver

1 Prise Salz

230 ml Milch

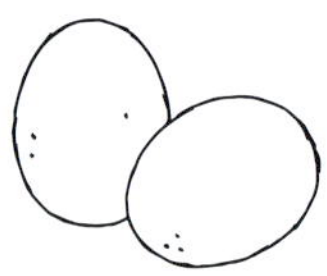

2 Eier

2 EL Zucker
1 Pck. Vanillezucker
1 EL Öl

frische Heidelbeeren

Wie schmecken die Pancakes aus »The Vampire Diaries«?

Die Hexe Bonnie und der Vampir Damon sind in einem Paralleluniversum gefangen, in dem sich ein und derselbe Tag immer und immer wiederholt. Damon backt täglich seine Pancakes und perfektioniert so seine Kochkünste.

SCHRITT 1

Das **MEHL** in einer Schüssel mit **BACKPULVER** und **SALZ** mischen.

SCHRITT 2

MILCH, **EIER**, **ZUCKER**, **VANILLEZUCKER** und **ÖL** in einer zweiten Schüssel verrühren.

SCHRITT 3

Danach die Mehlmischung nach und nach in die flüssige Masse einrühren. Den Teig ein paar Minuten ruhen lassen.

SCHRITT 4

Eine beschichtete Pfanne auf mittlerer Stufe erhitzen. Pancakes nacheinander goldbraun backen.

SCHRITT 5

Auf einem Teller je einen Pancake anrichten, mit **HEIDELBEEREN** ein Smiley-Gesicht legen und mit der **SPRÜHSAHNE** kleine Vampirzähnchen sprühen. Wer es richtig amerikanisch haben will, nimmt noch etwas Ahornsirup dazu!

NOTIZEN

TIPP

Man sollte den Pancake wenden, wenn auf der Oberfläche kleine Bläschen auftauchen.

ZUTATEN FÜR 12 CUPCAKES:

FÜR DEN TEIG:

100 g weiche Butter
2 Eier
150 g Zucker
100 ml Malz- oder malziges Bier
50 ml Milch
200 g Mehl
1 Prise Salz
2 EL Kakaopulver
1 geh. TL Backpulver

FÜR DAS FROSTING:

3 Scheiben Bacon
2 EL Ahornsirup
200 g weiche Butter
200 g Frischkäse
130 g Puderzucker
½ TL Vanilleextrakt

AUSSERDEM:

12er-Muffin-Form
12 Muffin-Förmchen aus Papier
Handrührgerät

feines Sieb
Spritzbeutel

Wie schmecken die Bacon-Beer-Cupcakes aus »Two Broke Girls«?

Max sinniert darüber, dass Carolines mangelnde Lebenserfahrung auch etwas Gutes hat: Sie kann sich ständig über neue Erlebnisse freuen. Dabei entwickelt sie den Bacon-Beer-Cupcake. Als Caroline ihn probiert, werden ihre Augen ganz groß, da sie etwas völlig Neues erlebt hat.

SCHRITT 1

Für den Teig **BUTTER**, **EIER** und **ZUCKER** in einer Schüssel mixen. **BIER** und **MILCH** hinzugeben und noch einmal verrühren.

SCHRITT 2

In einer zweiten Schüssel **MEHL**, **SALZ**, **KAKAOPULVER** und **BACKPULVER** mischen. Dann die trockene Mischung nach und nach mit der flüssigen Masse verrühren, bis ein glatter Teig entsteht.

SCHRITT 3

Die Muffin-Form mit den Papierförmchen auslegen und den Teig darauf verteilen. Die Muffins für 20–25 Min. bei 180 Grad (Umluft) im vorgeheizten Backofen backen. Danach die Muffins komplett abkühlen lassen.

SCHRITT 4

Für das Frosting den **BACON** auf einem mit Backpapier ausgelegten Blech mit **AHORNSIRUP** bestreichen und bei 180 Grad (Umluft) im Ofen knusprig backen. Abkühlen lassen und in kleine Stücke bröseln.

SCHRITT 5

BUTTER und **FRISCHKÄSE** mit einem Handrührgerät cremig rühren. Den **PUDERZUCKER** durch ein Sieb in die Masse sieben und verrühren. Zum Schluss noch den **VANILLEEXTRAKT** unterrühren. Die Creme mit einem Löffel oder einem Spritzbeutel auf den abgekühlten Muffins verteilen und mit dem Bacon verzieren.

KÜCHENTIPP

Wenn das Frosting zu weich ist, kann mehr Puderzucker helfen. Wenn es zu fest ist, mit Ahornsirup cremiger rühren.

TIPP

Bis zum Servieren im Kühlschrank aufbewahren, da das Butterfrosting sonst weich wird und seine Form verlieren könnte.

Fails

ÜBER GESCHMACK lässt sich streiten. Die einen essen Nudeln mit Ketchup, die anderen mit Zucker. Aber wenn Drehbuchautoren sich einen Spaß erlauben und wirklich ungenießbare Gerichte kreieren, dann ist es an der Zeit, Super-Malwanne zu werden und den Tag zu retten! Denn es ist ja bekannt: Aus großer Kraft folgt große Verantwortung! Hab ich irgendwo mal gehört. Es liegt jedenfalls in meiner Hand, auch misslungene Rezepte in leckere Gerichte zu verwandeln. Los geht's!

menu
HEUTE:
PAMPE
mit BREI

ZUTATEN FÜR 2 PORTIONEN:

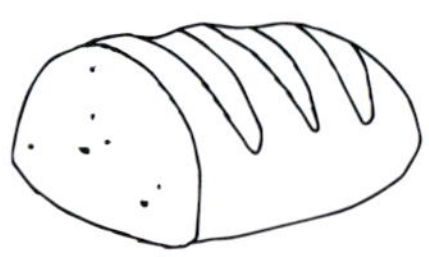

4 Scheiben Brot nach Belieben

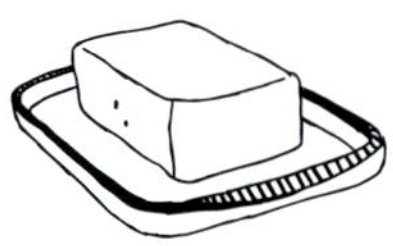

1 EL Butter

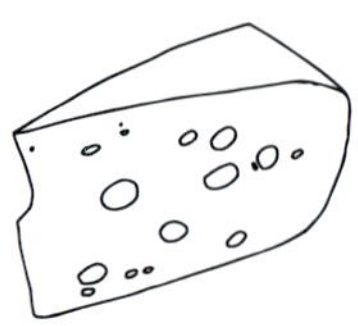

2 Scheiben Gouda oder Emmentaler

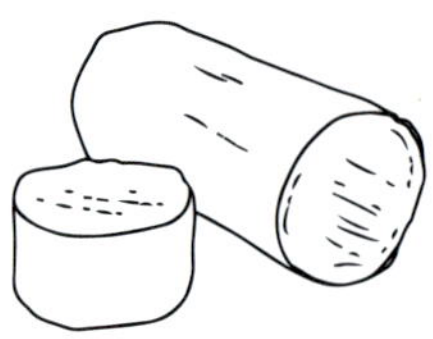

2 Scheiben Ziegenkäse

Wie schmeckt das Käsebrot aus »Heidi«?

Der Alm-Öhi macht für Heidi immer dieses irrsinnig lecker aussehende Käsebrot. Dafür nimmt er drei Käsedreiecke, schmilzt sie über der offenen Flamme und legt den flüssigen Käse auf eine dicke Scheibe Brot. Dazu gibt es Ziegenmilch. Da offenes Feuer so seine Tücken hat und der Käse in die Kohlen fallen kann, hier eine etwas einfachere Variante!

SCHRITT 1

Eine Pfanne auf mittlerer Temperatur heiß werden lassen. Zwei **BROTSCHEIBEN** auf einer Seite mit **BUTTER** bestreichen und mit dieser Seite nach unten in die Pfanne legen.

SCHRITT 2

Je eine Scheibe **GOUDA** und eine Scheibe **ZIEGENKÄSE** auf die beiden Brote legen, mit zwei weiteren Brotscheiben abdecken.

SCHRITT 3

Die obersten Scheiben wieder mit Butter bestreichen, dann die Brote wenden.

SCHRITT 4

Warten, bis der Käse geschmolzen und das Brot von beiden Seiten gebräunt ist, fertig! Und niemand musste ein Feuer entzünden.

NOTIZEN

TIPP

Der klassische Grilled-Cheese-Toast lässt sich mit allen möglichen Zutaten aufpeppen. Antipasti, Preiselbeermarmelade, Schinken, Tomaten …

ZUTATEN FÜR 25–30 BÄLLE:

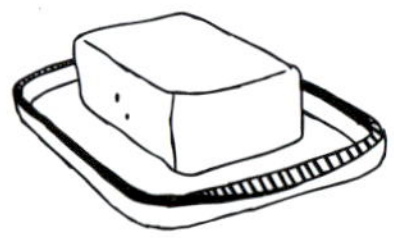

200 g Butter

300 g Zartbitterschokolade

100 ml Sahne

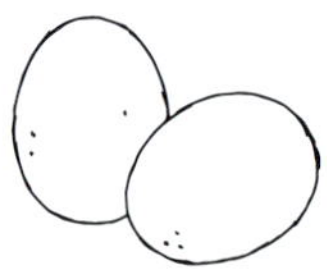

5 Eier
250 g Zucker

1 TL Vanilleextrakt
1 Prise Salz
250 g Mehl
30 g Kakaopulver
2 TL Zimt
1 TL Backpulver
300 g Frischkäse
150 ml Brandy

AUSSERDEM:

2 Springformen (à ø 26 cm)

Wie schmecken Chefkochs Salty Balls aus »South Park«?

Für das Sundance Film Festival kreiert Chefkoch seine legendären »Chocolate Salty Balls«. Das Rezept dazu besingt er in einem Lied, für das ihm Soulmusiker Isaac Hayes die Stimme lieh. Tatsächlich landete der Song auf Platz 1 der UK-Single-Charts. Das Rezept ist jedoch nicht ganz so hitverdächtig und wurde daher etwas abgewandelt.

SCHRITT 1

Die BUTTER in einem Topf langsam schmelzen. 200 G ZARTBITTERSCHOKOLADE klein hacken und hinzugeben. Den Topf vom Herd nehmen und die Butter mit der Schokolade verrühren. Anschließend die SAHNE hinzugießen, nochmals verrühren.

SCHRITT 2

Die EIER in einer Schüssel mit ZUCKER, VANILLEEXTRAKT und SALZ verquirlen. Danach die Schokomasse unterrühren. MEHL, KAKAOPULVER, ZIMT und BACKPULVER mischen und nach und nach zu der Schokoladenmasse geben.

SCHRITT 3

Den Teig in die Springformen füllen und bei 170 Grad (Umluft) für ca. 35 Min. backen. Den fertigen Kuchen in eine Schüssel bröseln. FRISCHKÄSE und BRANDY nach und nach hinzugeben, bis die Konsistenz von festem, rohem Teig erreicht ist. Den Teig durchkneten und kleine Kugeln formen.

SCHRITT 4

Die restliche Schokolade im Topf schmelzen. Die Kugeln in die geschmolzene Schokolade tunken, auf einem Rost abtropfen lassen, mit MEERSALZ dekorieren und bis zum Servieren kalt stellen.

NOTIZEN

DAS ORIGINAL:
2 TL Zimt, 2–3 Eiweiß, ½ Pck. Butter, 1 Tasse Mehl, ¼ Tasse Zartbitterschokolade, ½ Tasse Brandy, 1–2 Pck. (!) Zucker, ein Spritzer Vanillearoma.

ZUTATEN

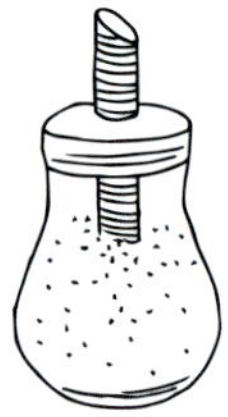

800 g feiner Zucker

340 g heller Sirup

250 ml Wasser
1 Msp. Zitronensäurepulver, lebensmittelgeeignet
blaue Lebensmittelfarbe

AUSSERDEM:

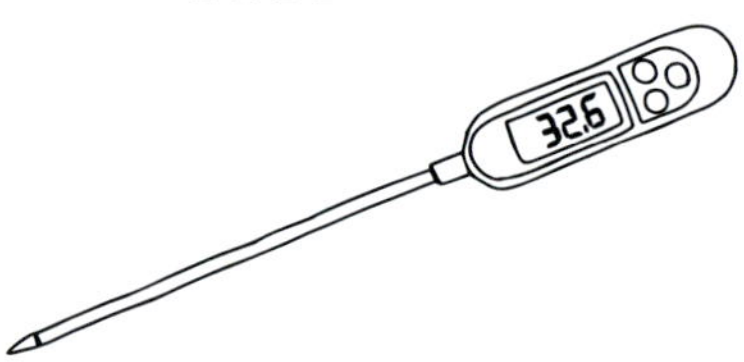

Küchenthermometer
Aluminium-Backblech

Wie schmeckt das blaue Meth aus »Breaking Bad«?

Über den Geschmack von echtem Meth kann ich zum Glück exakt gar nichts sagen. Über das Rezept auch nicht. Warum das Ganze dann ein Fail ist? Weil Drogen blöd sind, natürlich!

SCHRITT 1

In einem großen Topf ZUCKER, SIRUP, WASSER und ZITRONENSÄURE auf mittlerer Stufe unter ständigem Rühren erhitzen, bis sich alles komplett aufgelöst hat.

SCHRITT 2

BLAUE LEBENSMITTELFARBE vorsichtig hinzugeben, bis der gewünschte Blauton erreicht ist. (Vorsicht: Lebensmittelfarbe färbt sehr intensiv!) Weiter unter ständigem Rühren erhitzen, bis eine Temperatur von 148 Grad erreicht wurde. Bei dieser Temperatur bleibt der Zucker auch nach dem Auskühlen klar und fest.

SCHRITT 3

Den Inhalt des Topfes auf das Backblech gießen und mindestens 1 Stunde abkühlen lassen. Im Eisfach kühlt die Masse deutlich schneller ab. Mit einem Holzstiel den Inhalt zu kleinen Splittern schlagen und diese dekorativ für Halloween in Tüten aufbewahren.

NOTIZEN

Eigentlich ist es chemisch gar nicht möglich, blaues Meth herzustellen, ohne mit Farbstoff zu tricksen. Aber auch farbloses Meth möchte ja eigentlich niemand, oder?

ZUTATEN FÜR EINE HUNGRIGE MEUTE:

1 Dose Erbsen und Möhrchen
(ca. 280 g)

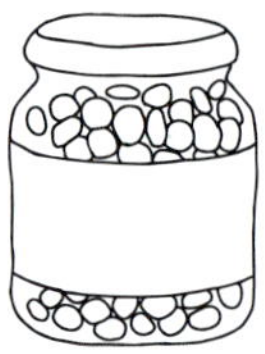

1 Dose Mais (150 g)
1 Dose Kidneybohnen (400 g)
1 Dose schwarze Bohnen (400 g)
1 Dose passierte Tomaten (400 g)

2 EL frisch gehackte Kräuter
(Petersilie, Rosmarin, Thymian …)
250 ml Gemüsebrühe
5 (vegetarische) Bratwürstchen
5 Mandelblättchen
2 EL Pflanzenöl

Pfeffer & Salz
Zucker

Wie schmecken Menschen aus »The Walking Dead«?

Zombies finden Menschen total lecker und beißen ihnen gerne Stücke aus dem Körper. Da wir als Menschen keine Menschen essen sollten, gibt es hier eine Abwandlung der ultimativen Apokalypse-Konserven-Suppe für Nicht-Kannibalen. Als Gemüse eignet sich prinzipiell alles, was ihr bei Plünderungen und Streifzügen so finden könnt.

SCHRITT 1

Das DOSENGEMÜSE abtropfen lassen. Die Konservendosen spülen und das Papier entfernen, falls darin serviert werden soll. Das Gemüse in einen Topf geben und mit den PASSIERTEN TOMATEN, den KRÄUTERN und der GEMÜSEBRÜHE auffüllen. Zugedeckt für 30 Min. köcheln lassen.

SCHRITT 2

Um die WÜRSTCHEN wie Finger aussehen zu lassen, die Haut im oberen und unteren Drittel je dreimal untereinander einschneiden. Das werden später die Fingergelenke. Als Fingernagel dienen MANDELBLÄTTCHEN. Damit diese nachher halten, an einem Ende der Würstchen eine Art Nagelbett einschneiden.
Danach die Würstchen in ÖL anbraten und schließlich die Mandelblättchen an der Spitze anbringen.

SCHRITT 3

Die Suppe mit PFEFFER, SALZ und ZUCKER abschmecken und in die Konserven füllen. Aber Vorsicht: Konservendosen werden sehr schnell sehr heiß, besser mit einer Serviette umwickeln!

SCHRITT 4

Die Wurst-Finger nun auf die Dosen verteilen, und fertig ist die Halloween-Suppe!

NOTIZEN

»Carl!
Das tötet
Leute!«

ZUTATEN

800 ml Milch

600 ml Sahne

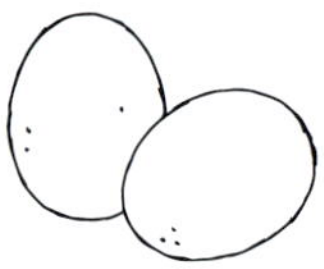

6 Eigelb
70 g Zucker
1 Vanilleschote
70 g Speisestärke
1 Pck. Löffelbiskuits
Erdbeermarmelade

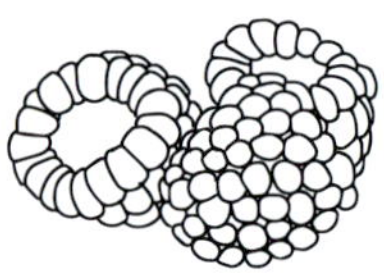

375 g frische Himbeeren

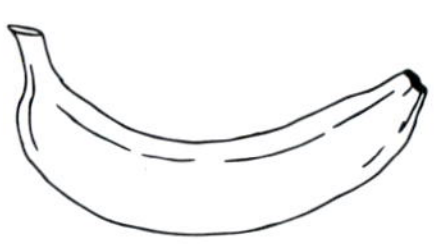

2–3 Bananen

AUSSERDEM:

Trifle-Glas

Wie schmeckt English Trifle aus »Friends«?

Rachel möchte für das Thanksgiving-Dinner mit ihren Freunden Trifle machen, obwohl sie in der Küche echt nichts draufhat. Zudem kleben auch noch einige Seiten im Rezeptbuch zusammen, sodass sie den süßen Nachtisch aus Früchten und Vanillepudding mit einem herzhaften Shepherd's Pie mischt. Das kann nur ein Desaster werden. Mir ist die Variante ohne Fleisch im Pudding lieber.

* *

SCHRITT 1

Die MILCH zusammen mit 200 ML SAHNE in einem Topf langsam erhitzen, nicht kochen lassen.

SCHRITT 2

Währenddessen das EIGELB zusammen mit dem ZUCKER, der ausgekratzten VANILLESCHOTE und der SPEISESTÄRKE in einer Schüssel gut verrühren. Einen Schuss der warmen Sahne-Milch hinzugeben und schnell mit einem Schneebesen verrühren, damit das EI nicht zu stocken anfängt.

SCHRITT 3

Den Topf von der Kochstelle nehmen und die Eiermasse langsam und unter ständigem Rühren in die Sahne-Milch gießen. Die Vanillepudding-Masse in eine Schüssel füllen und zum Abkühlen zur Seite stellen.

SCHRITT 4

Das Trifle-Glas mit einer Schicht LÖFFELBISKUITS auslegen. Man kann zusätzlich einige Kekse halbieren und sie seitlich aufstellen, um einen besonders schönen Look zu bekommen. Auf die Biskuits folgt eine dünne Schicht ERDBEERMARMELADE. Diese auch über die aufrecht stehenden Biskuits laufen lassen – für den optischen Effekt.

SCHRITT 5

Nun ⅔ des selbst gemachten, abgekühlten Vanillepuddings als dritte Schicht daraufgeben, die vierte Schicht bilden die HIMBEEREN. Darauf wieder eine Schicht Löffelbiskuits auslegen und den restlichen Vanillepudding obendrauf verteilen.

TIPP

Am besten schmeckt dieses Dessert, wenn es im Kühlschrank ein paar Stunden Zeit hatte, sich zu setzen, und die Löffelbiskuits etwas weicher geworden sind.

SCHRITT 6

Die **BANANEN** schälen, in Scheiben schneiden und diese auf den Pudding legen.

SCHRITT 7

Für die letzte Schicht die restliche Sahne aufschlagen und zuoberst auf dem Dessert verteilen. Bis zum Servieren im Kühlschrank aufbewahren.

ZUTATEN

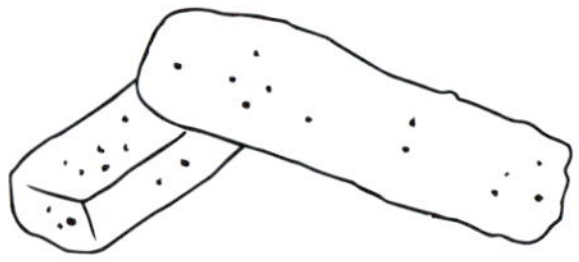

1 Pck. Fischstäbchen

3 EL Pflanzenöl

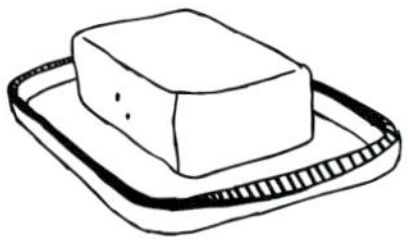

250 g Butter

½ Vanilleschote

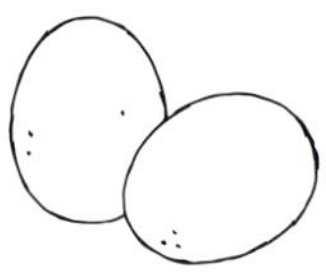

3 Eigelb

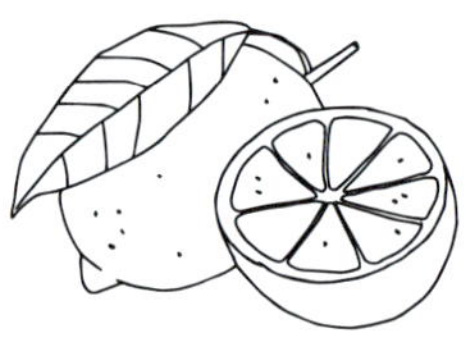

2 EL Zitronensaft (frisch gepresst)

3 EL Wasser

1 TL Zucker

1 Prise Salz

weißer Pfeffer

Cayennepfeffer

Wie schmecken die Fischstäbchen mit Vanillesoße aus »Doctor Who«?

Nach der elften Regeneration des Doktors landet er in Amelia Ponds Haus. Nachdem er verschiedene Gerichte ausprobiert und wegen Ungenießbarkeit ausgespuckt hat, bereitet ihm Amy Fischstäbchen mit Vanillesoße zu. Die schmecken ihm zwar, aber für normale Geschmackssinne bietet sich eine etwas andere Zubereitungsart an.

SCHRITT 1

Die FISCHSTÄBCHEN in einer Pfanne mit etwas ÖL goldbraun braten.

SCHRITT 2

Die BUTTER in einem Topf auf mittlerer Stufe zerlassen, aber nicht zu stark erhitzen! Sie darf nicht braun werden.

SCHRITT 3

Einen Topf mit Wasser zum Kochen bringen. Die VANILLESCHOTE der Länge nach aufschneiden und das Mark herauskratzen. Mit EIGELB, ZITRONENSAFT, WASSER, ZUCKER und SALZ in eine Schüssel geben und diese ins heiße Wasserbad stellen. Mit einem Rührbesen (besser: elektrischen Mixer) so lange rühren, bis die Masse cremig ist.

SCHRITT 4

Den Topf aus dem Wasserbad nehmen (wichtig, sonst gerinnt die Hollandaise!) und jetzt nach und nach, zuerst teelöffelweise, dann esslöffelweise, unter ständigem Rühren die flüssige Butter hinzufügen.

SCHRITT 5

Mit PFEFFER und CAYENNEPFEFFER abschmecken und sofort servieren.

TIPP

Fischstäbchen kann man auch selbst machen. Einfach Seelachsfilet in Stücke schneiden, salzen, in Mehl, Eigelb und Paniermehl wenden und dann in der Pfanne braten.

ZUTATEN FÜR 2 PERSONEN:

FÜR DEN SALAT:

1 rote Tomate
1 gelbe Tomate
1 Kumato-Tomate
½ Eisbergsalat

2 Möhren
schwarze Oliven
4 milde, eingelegte Peperoni
1 japanische Aubergine
2 EL Sonnenblumenkerne
Salz
Pfeffer
150 g Hirtenkäse

FÜR DAS DRESSING:

Saft von ½ Zitrone
200 ml griechischer Joghurt
1 gestr. TL Djion-Senf
1 EL Honig
Pfeffer

frisch gehackte Petersilie

AUSSERDEM:

Reibe

Wie schmeckt der Pizzaservice-Salat aus »Family Guy«?

Ein ganzer Salat mit Strunk, eine Dose ganze Oliven, eine gedrittelte Tomate, eine ganz dünne Scheibe Karotte, ungenießbare, eingelegte Peperoni, das alles ohne Dressing in eine Lasagneform und dann oben auf die warmen Pizzakartons, lecker! Oder eben auch nicht.

SCHRITT 1

Die TOMATEN und den SALAT waschen und schneiden, die MÖHREN schälen und mit einer Reibe raspeln, die OLIVEN halbieren. Zusammen mit den PEPERONI anrichten.

SCHRITT 2

Die AUBERGINE in dünne Scheiben schneiden und mit den SONNENBLUMENKERNEN in einer beschichteten Pfanne ohne ÖL rösten. Beides zum SALAT geben. Alles mit etwas SALZ und PFEFFER bestreuen.

SCHRITT 3

Den HIRTENKÄSE nach Belieben zerbröseln oder in kleine Würfel schneiden und auf dem Salat verteilen.

SCHRITT 4

Für das Dressing alle Zutaten in einer Schüssel verrühren und die PETERSILIE untermischen. Die Soße kurz vor dem Servieren auf dem Salat verteilen.

NOTIZEN

TIPP

Die Zutaten können natürlich je nach Geschmack variiert werden. Gebratene Zucchini, Paprika, Pilze, frische Radieschen oder rote Beete … Geht alles!

ZUTATEN FÜR 2–3 GLÄSER:

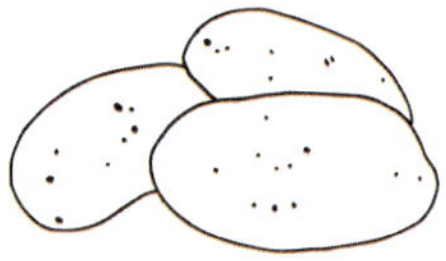

600 g Kartoffeln
Salz

Milch

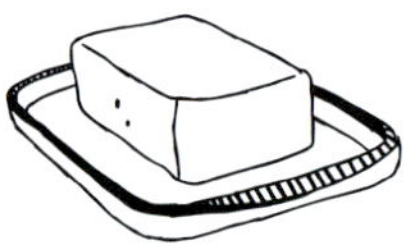

Butter
Muskatnuss

100 g Bacon

200 g Möhren
100 ml Gemüsebrühe

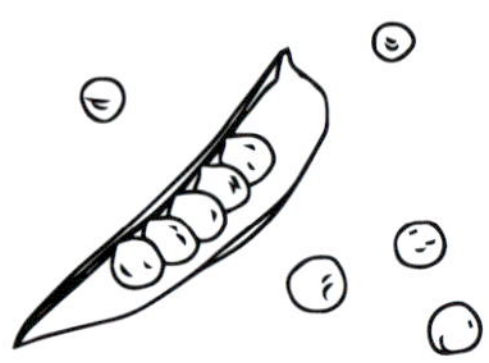

200 g TK-Erbsen
200 g Würzspinat
3 Eier
50 g geriebener Cheddar
200 g Kartoffelchips

Wie schmeckt der 7-Schichten-Salat aus »How I Met Your Mother«?

Es ist Thanksgiving, und Lily und Marshall besuchen dessen Familie. Lily soll den berühmten 7-Schichten-Salat zubereiten, für den ihr Marshalls Mutter das Geheimrezept verrät. Er besteht hauptsächlich aus Mayonnaise und ist … nun ja … jedenfalls nicht lecker.

* *

SCHRITT 1

KARTOFFELN schälen, schneiden und ca. 15 Min. in Salzwasser kochen, abgießen und zu Kartoffelbrei stampfen. Einen Schuss MILCH und ein Stück BUTTER dazu, mit MUSKATNUSS abschmecken, beiseitestellen.

SCHRITT 2

BACON bei 200 Grad (Umluft) im Ofen knusprig braun backen.

SCHRITT 3

MÖHREN schälen, in Scheiben schneiden und in GEMÜSEBRÜHE kochen, bis sie gar sind. Die TK-ERBSEN gelingen am einfachsten abgedeckt, mit etwas Wasser und einer Prise SALZ, in der Mikrowelle. Wenige Minuten reichen schon, bis sie weich sind. Den SPINAT in einem Topf auf mittlerer Stufe erhitzen.

SCHRITT 4

EIER mit SALZ und einem Schuss MILCH verquirlen. In einer heißen Pfanne mit etwas BUTTER stocken lassen, dann zu Rührei verarbeiten.

SCHRITT 5

Danach beginnt das Anrichten. Spinat, Bacon, Cheddar, Rührei, Erbsen und Möhren werden jeweils von einer Schicht Kartoffelbrei getrennt. Obendrauf mit den KARTOFFELCHIPS garnieren.

NOTIZEN

DAS ORIGINAL:
Salat, Bacon, Käse, Rotkohl, Zwiebelringe, Gummibärchen, Kartoffelchips und unendlich viel Mayonnaise. Nicht zu Hause nachmachen!

Partysnacks & Drinks

DER SCHLÜSSEL für eine gute Party – neben dem »Plane deine Party«-Kasten – sind die richtigen Snacks! Wir wollen ja verhindern, dass die Gäste schon bei der Wahl zwischen Salzstangen und Erdnussflips anfangen zu gähnen. Sie sollen lieber in Käse schwelgen oder Keksteig futtern. Auch ein Cosmopolitan belebt die Geister, und man möchte sogleich angeregt über das Liebesleben der Freunde berichten. Oder warum nicht gleich eine Mottoparty à la »The Big Lebowski« veranstalten, zu der alle im Bademantel kommen müssen und nur White Russian trinken dürfen?

ZUTATEN FÜR 2 PORTIONEN:

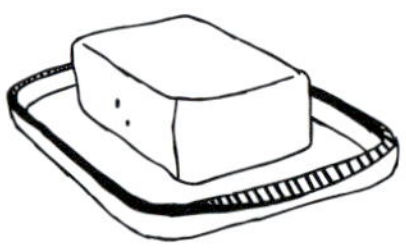

150 g Butter

4 EL Kokosfett

100 g Popcorn-Mais

Salz

Wie schmeckt salziges Butterpopcorn?

In den USA kriegt man oft salziges und süßes Popcorn gemischt. Ich persönlich bevorzuge das salzige Popcorn, auch wenn das bei uns in Deutschland nicht so typisch zu sein scheint.

SCHRITT 1

Die **BUTTER** in einem Topf erhitzen, bis sich weiße Flöckchen (Molke) absetzen, die mit einem Löffel entfernt werden können. Es sollte eine klare gelbe Flüssigkeit übrig bleiben.

SCHRITT 2

Das **KOKOSFETT** in einem anderen Topf auf mittlerer Stufe erhitzen. Der Topfboden sollte bedeckt sein. Wenn das Fett heiß ist, den **POPCORN-MAIS** hinzugeben und umrühren. Dann bei geschlossenem Deckel warten, bis der Mais zu ploppen anfängt.

SCHRITT 3

Wenn die Abstände zwischen den einzelnen Plopps größer werden, den Topf von der Herdplatte nehmen und die klare Butter zusammen mit etwas **SALZ** auf das Popcorn gießen. Alles gut miteinander verrühren und sofort servieren!

NOTIZEN

TIPP

Für süßes Popcorn einfach Zucker zum Fett geben, Salz und Butter dann weglassen.

ZUTATEN

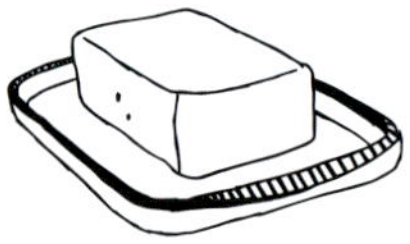

3 EL Butter

3 EL Mehl

200 ml Sahne

150 ml Gemüsebrühe
1 TL Paprikapulver

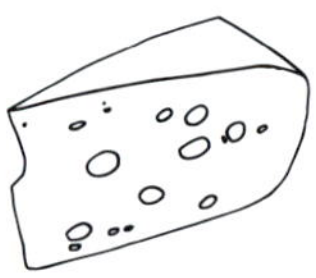

200 g geriebener Cheddar

1 Tüte Nachos

Wie schmecken Nachos mit Käsedip?

Mit das Tollste an einem Kinobesuch sind die Snacks. In Nachos mit warmer Käsesoße könnte ich mich reinlegen, wenn's nicht so krümeln würde. Sie dürfen daher auch beim Filmeabend daheim nicht fehlen.

SCHRITT 1

Die **BUTTER** in einem Topf auf niedriger Stufe erhitzen. Das **MEHL** langsam hinzugeben und zu einer feinen Mehlschwitze rühren.

SCHRITT 2

Die **SAHNE** zusammen mit der **GEMÜSEBRÜHE** und dem **PAPRIKAPULVER** hinzugeben und gut verrühren, bis keine Klümpchen mehr da sind.

SCHRITT 3

Zum Schluss den **KÄSE** in der Masse schmelzen. Den Dip zu den Nachos reichen.

NOTIZEN

TIPP

Nach dem Servieren nicht zu lange stehen lassen, sondern gleich verzehren.

ZUTATEN FÜR CA. 9 STÜCK:

Kokosöl
100 g Smacks
70 g gepuffter Reis

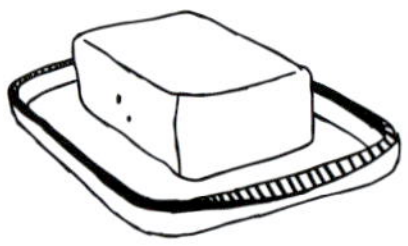

50 g Butter

300 g Mini-Marshmallows

1 Prise Salz

½ TL Vanilleextrakt

AUSSERDEM:

1 quadratische Backform
(ca. 24 x 24 cm)

Wie schmecken Rice Crispy Treats?

Das erste Mal habe ich diese Süßigkeit probiert, als ich amerikanische Sweets getestet habe. Ich war schockiert, dass wir etwas so Leckeres hier in Deutschland nicht kennen! Süß, knusprig, klebrig ... das musste ich einfach selbst mal machen!

SCHRITT 1

Die Backform und eine große Schüssel mit etwas **KOKOSÖL** einfetten. In der großen Schüssel die **SMACKS** und den **GEPUFFTEN REIS** vermischen.

SCHRITT 2

Die **BUTTER** in einem Topf bei niedriger Hitze langsam schmelzen. Dann die **MARSHMALLOWS** mit dem **SALZ** dazugeben und alles so lange miteinander verrühren, bis die Marshmallows vollständig zerschmolzen sind. Anschließend den **VANILLEEXTRAKT** dazugeben und noch einmal gut verrühren.

SCHRITT 3

Die flüssige Marshmallow-Creme über die Smacks-Puffreis-Mischung in die Schüssel gießen. Alles gut mit einem Löffel vermengen. Die Masse nun in die gefettete Backform umfüllen. Die Hände ein wenig einfetten und die Masse zusammenpressen, bis eine glatte Oberfläche entsteht.

SCHRITT 4

30 Min. abkühlen lassen, dann mit einem Messer in Riegelform schneiden.

NOTIZEN

TIPP

Natürlich gehen auch die originalen Rice Krispies, aber die sind in Deutschland schwer zu finden. Mit verschiedenen Cerealien kann jeder seine eigene Variante kreieren!

ZUTATEN FÜR 10 KLEINE KUGELN:

230 g Mehl

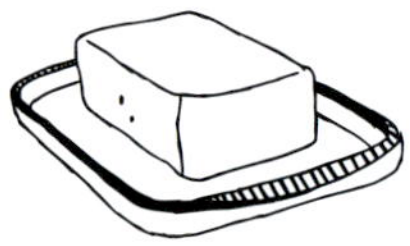

150 g Butter
60 g brauner Zucker
1 Pck. Vanillezucker

1 Prise Salz

75 ml Milch
2 EL Karamellsoße

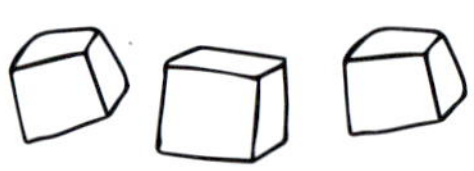

80 g Karamellstückchen

AUSSERDEM:

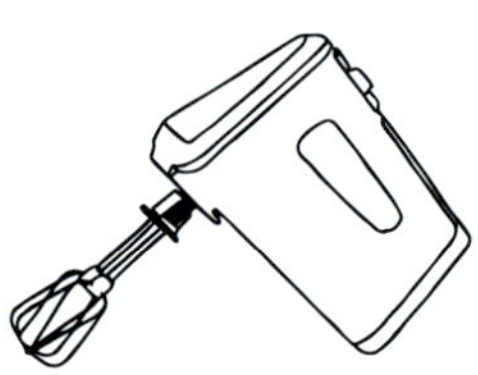

Handrührgerät

Wie schmeckt Karamell-Cookie-Dough?

Kekse mag eigentlich jeder. Keksteig auch. Deutsche Supermärkte bieten zwar mittlerweile auch Keksteig in kleinen Portionen zum Direktverzehr an, aber selbst gemacht ist er immer noch am besten!

SCHRITT 1

Das **MEHL** in einer Auflaufform bei 150 Grad (Umluft) für 10 Min. backen, damit es komplett keimfrei wird.

SCHRITT 2

Die **BUTTER** zusammen mit **ZUCKER**, **VANILLEZUCKER** und **SALZ** mit einem Handrührgerät mixen und anschließend die **MILCH** und das abgekühlte **MEHL** hinzufügen. Zu einer Masse kneten. Dann die **KARAMELLSOSSE** und die **KARAMELLSTÜCKCHEN** dazugeben. Noch einmal kurz durchkneten.

SCHRITT 3

Den Keksteig in ein flaches Gefäß füllen, festdrücken und für ca. 1 Stunde in den Kühlschrank stellen. Danach mit einem Eislöffel portionieren.

NOTIZEN

Mit verschiedenen Soßen und Toppings kann der Geschmack ganz einfach variiert werden. Chocolate-Chips, ungesalzene Erdnüsse oder getrocknete Früchte schmecken auch hervorragend!

Wie schmeckt der Wodka Martini aus »James Bond«?

Wie jeder weiß, trinkt James Bond seinen Wodka Martini geschüttelt, nicht gerührt, mit einer Zitronenzeste. Im ersten James-Bond-Roman »Casino Royale« von 1953 bestellt er diesen Drink ebenso, wie es Daniel Craig 2006 in der Verfilmung tut.

ZUTATEN FÜR 1 DRINK:

Eiswürfel (nicht Crushed Ice)
6 cl Gin
2 cl Wodka
1 cl Lillet Blanc

1 unbehandelte Zitrone

AUSSERDEM:

Cocktailshaker
Cocktailmessbecher
Martiniglas

SCHRITT 1

Den Cocktailshaker zur Hälfte mit **EISWÜRFELN** füllen. **GIN**, **WODKA** und **LILLET** abmessen und hinzufügen.

SCHRITT 2

Alles gut durchschütteln. Soll man bei einem Wodka Martini eigentlich nicht machen, aber der James mag es halt so.

SCHRITT 3

Den Drink (natürlich ohne die Eiswürfel) ins Martiniglas gießen und mit einem Streifen Schale einer unbehandelten, gewaschenen **ZITRONE** dekorieren.

VORSICHT:
SEHR STARKER COCKTAIL UND NICHTS FÜR SCHWACHE NERVEN!

Cocktail-Spezialisten wissen, dass dieser Drink nicht »ordnungsgemäß« gemacht wird. Eigentlich ist daran sogar alles so falsch wie nur möglich. Wodka und Gin gehören nicht gemixt, ein Martini gehört immer gerührt, und eine Zitronenschale hat da rein gar nichts verloren. Ian Fleming, der Autor von James Bond, wollte damit einen kleinen Spaß für Martini-Kenner einbauen. Perfekt kopieren kann man den Drink übrigens nicht mehr, da der im Original bestellte »Kina Lillet« nicht mehr hergestellt wird.

Man kann die Zitronenschale über dem Glas vorsichtig knicken, um das Glas mit ihren ätherischen Ölen zu beduften und den Geschmack im Alkohol zu intensivieren.

Wie schmeckt der Cosmopolitan aus »Sex and the City«?

So berühmt wie Carries »Sex and the City«-Kolumne, in der sie sich immer über alles Mögliche wundert, ist ihre Vorliebe für einen Cosmopolitan. Der klassische Drink erlebte durch die Serie ein weltweites Comeback – und lecker ist er auch noch.

SCHRITT 1

Den Cocktailshaker zur Hälfte mit **EISWÜRFELN** füllen. **CRANBERRYSAFT**, **WODKA**, **ORANGENLIKÖR** und **LIMETTENSAFT** abmessen und in den Shaker geben.

SCHRITT 2

Alles kräftig schütteln. Den Cocktail ohne Eiswürfel in das Martiniglas gießen und servieren!

TIPP

Mit Freunden trinkt sich der Cocktail am besten! Und nicht vergessen, dabei über Sex zu sprechen und teure Kleider zu tragen!

NOTIZEN

ZUTATEN FÜR 1 COCKTAIL:

Eiswürfel (nicht Crushed Ice)
3 cl Cranberrysaft
3 cl Wodka
1½ cl Orangenlikör (Cointreau)
1½ cl frisch gepresster Limettensaft

AUSSERDEM:

Cocktailshaker
Cocktailmessbecher
Martiniglas

ZUTATEN FÜR 1 COCKTAIL:

Eiswürfel (nicht Crushed Ice)
8 cl Whiskey
2 cl Orangenlikör
2 cl frisch gepresster Zitronensaft
4 cl frisch gepresster Orangensaft
8 cl Ananassaft
5 cl Kokoswasser
4 cl Kokosmilch
1 Minzezweig
3 Physalis
½ Orangenscheibe

AUSSERDEM:

Cocktailshaker
Cocktailmessbecher
1 großes Cocktailglas
1 kl. Holzspieß

Wie schmeckt der Whiskey mit acht Köstlichkeiten aus »Meteor Garden«?

»Meteor Garden« kennen vielleicht die wenigsten. Es ist eine chinesische Serie mit deutschen Untertiteln, die man auf Netflix finden kann. Ich bin ein großer Fan der überdramatischen Schauspielkunst und der unauffällig-auffälligen Produktplatzierungen!

SCHRITT 1

Den Cocktailshaker zur Hälfte mit **EISWÜRFELN** füllen. **WHISKEY**, **ORANGENLIKÖR**, **ZITRONENSAFT**, **ORANGENSAFT**, **ANANASSAFT**, **KOKOSWASSER** und **KOKOSMILCH** abmessen und in den Shaker füllen.

SCHRITT 2

Alles kräftig schütteln. Den Cocktail zusammen mit den Eiswürfeln in das Cocktailglas gießen und den **MINZEZWEIG** hineinstellen.

SCHRITT 3

Auf den Holzspieß die 3 **PHYSALIS** aufspießen. Zusammen mit der halben **ORANGENSCHEIBE** das Glas dekorieren und servieren!

ZUGEGEBEN:
Dieser Cocktail kommt in »Meteor Garden« gar nicht vor. Ich habe ihn mir ausgedacht, weil ich diese großartig kitschige Serie unbedingt in mein Kochbuch schmuggeln wollte.

Wie schmeckt der

White Russian

aus »The Big Lebowski«?

Der Dude aus dem Kultfilm »The Big Lebowski« trinkt am liebsten einen White Russian im Morgenmantel, den er genauso entspannt zubereitet, wie er selbst ist. Alles in ein Glas, umrühren, fertig. Kann man so machen, ich mache es aber ein bisschen eleganter.

SCHRITT 1

Das Glas zur Hälfte mit **EISWÜRFELN** füllen. Den **WODKA** und den **KAFFEELIKÖR** abmessen und ins Glas füllen. Einmal gut umrühren.

SCHRITT 2

Die **SAHNE** im Cocktailshaker schütteln, sodass sie gerade noch flüssig bleibt.

SCHRITT 3

Einen Löffel über das Glas halten und die Sahne über den Löffelrücken in das Glas laufen lassen. So schwimmt sie schön oben auf dem Alkohol und vermischt sich erst beim Trinken.

Ich habe zwar kein Tumbler-Glas verwendet wie Dude, aber der ist so entspannt, dass man die Regeln hier nicht zu ernst nehmen muss. Immerhin rührt er seinen Drink auch um, was ich hier nicht tue. Die cremige Sahne auf dem Drink kommt so einfach viel besser zur Geltung!

NOTIZEN

ZUTATEN FÜR 1 COCKTAIL:

Eiswürfel (nicht Crushed Ice)
6 cl Wodka
3 cl Kaffeelikör
3 cl Sahne

AUSSERDEM:

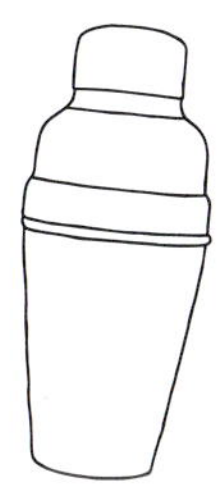

Cocktailshaker
Cocktailmessbecher
Cocktailglas

Glossar

ABDECKEN:
Um z. B. Gemüse längere Zeit bei niedriger Hitze köcheln zu lassen, den Topf oder die Pfanne mit einem Deckel abdecken. Wenn Teig aufgehen soll, die Schüssel am besten mit einem Geschirrtuch abdecken.

ABLÖSCHEN:
Nach dem scharfen Anbraten wird durch Zugabe einer Flüssigkeit (z. B. Wein, Essig, Brühe) der am Boden entstandene Bratensatz gelöst.

ABSCHMECKEN:
Mit Gewürzen verfeinern. Da Geschmäcker bekanntlich verschieden sind, wird hierbei keine Mengenangabe gemacht.

ANSCHWITZEN:
Etwas in einer Pfanne oder einem Topf bei geringer Hitze anbraten. Das Gargut „schwitzt" hierbei seine Flüssigkeit aus.

AUFGEHEN:
Hefeteig muss aufgehen. Dazu braucht er Zeit und Wärme, damit die in der Hefe enthaltenen Pilze sich vermehren können. Dabei entstehen Gase, die den Teig größer und luftiger werden lassen.

AUFSCHLAGEN:
Beim Aufschlagen wird mithilfe eines Schneebesens Luft unter eine Masse gerührt, damit sie eine cremige Konsistenz bekommt.

AUSBACKEN:
Paniertes in heißem Fett schwimmend fertig garen.

EISTREICHE:
Eine Mischung aus Ei und Milch, die miteinander verrührt werden. Sorgt beim Backen für eine schöne Farbe des Teigs und kann als Kleber für rohen Teig verwendet werden.

FROSTING:
Creme aus geschlagener Butter oder Frischkäse.

GLASIG DÜNSTEN:
Vor allem bei Zwiebeln das schonende Dünsten, bis das Gemüse leicht durchsichtig ist. Hierzu reicht geringe Hitze, bei höherer Temperatur entsteht durch das Anbraten eine Braunfärbung.

LEBENSMITTELFARBE:
Dient zum Einfärben von z. B. Cremes, Teigen, Glasuren oder flüssiger Schokolade. Bei Schokolade muss darauf geachtet werden, dass Lebensmittelfarbe die geschmolzene Masse eventuell klumpen lassen kann. Hier hilft die Zugabe von etwas Kokosfett.

MARINIEREN:
Das Einlegen von rohen Zutaten in einer würzigen Flüssigkeit. Der Geschmack kann so über einen längeren Zeitraum hinweg einziehen.

MEHLEN:

Die Arbeitsfläche oder Arbeitsgeräte (z. B. Nudelholz) bzw. einen Teig mit Mehl bestäuben, damit bei der Weiterverarbeitung nichts klebt.

MEHLSCHWITZE:

Eine Mischung aus flüssiger Butter und Mehl, die in einer Flüssigkeit aufgelöst wird, um Soßen oder Suppen eine cremige Konsistenz zu verleihen.

PASTEURISIERTES EIWEISS:

Eiweiß (auch: Eiklar), das mit Hitze behandelt (pasteurisiert) wurde, um schädliche Keime abzutöten.

PRISE:

Eine kleine Menge eines Gewürzes, etwa so viel, wie man zwischen 2–3 Fingern greifen kann.

RUHEN LASSEN:

Teige brauchen Zeit und müssen meist vor der Weiterverarbeitung ruhen. Dies kann je nach Teig entweder an einem warmen oder einem kühlen Ort geschehen.

SCHAUMIG SCHLAGEN:

Butter oder Eier werden schaumig geschlagen, wenn die daraus entstandene Creme besonders luftig und locker sein soll. Hierfür wird mit einem Schneebesen oder Handrührgerät Luft unter die Masse geschlagen, bis die gewünschte Konsistenz erreicht ist.

SCHOKOLADE SCHMELZEN:

Um Schokolade gleichmäßig und klumpfrei zu schmelzen, sollte sie vorher immer klein gehackt werden. Bei niedriger Temperatur gelingt das Schmelzen am besten in einer Schüssel über heißem Wasser. Die Schokolade darf dabei aber nicht zu heiß werden oder mit Wasser oder zu viel Dampf in Berührung kommen, da sie dann wieder klumpt.

STEIF SCHLAGEN:

Eiweiß oder Sahne durch starkes Rühren zu fester Konsistenz schlagen. Eiweiß muss sehr sauber vom Eigelb getrennt werden, damit Eischnee entstehen kann. Die Zugabe von etwas Zucker ist hilfreich. Sahne sollte möglichst kalt sein, ehe sie aufgeschlagen wird. Zur Not hilft Sahnesteif aus der Tüte.

TOPPING:

Garniert eine Speise, indem es darübergegeben wird. Ein Topping kann ein Gericht geschmacklich abrunden oder auch rein dekorativ sein.

TRIFLE:

Traditionelle englische Nachspeise aus verschiedenen Schichten Puddingcreme, Früchten und Keksen/Biskuits.

UNTERHEBEN:

Eine empfindliche Zutat unter eine andere Masse rühren. Damit z. B. die fluffige Konsistenz von Eischnee bestehen bleibt, mit langsamen, gleichmäßigen Bewegungen von unten nach oben vorgehen, da so die Luft in der Creme erhalten bleibt.

VERQUIRLEN:

Schnelles und gründliches Verrühren einer oder mehrerer Zutaten, z. B. Ei.

WASSERBAD:

Schonendes Erwärmen von Zutaten über heißem/köchelndem Wasser, um sie zu schmelzen oder andicken zu lassen. Dafür wird die entsprechende Zutat in eine Schüssel gefüllt, die wiederum in das heiße Wasser gestellt wird. Umrühren nicht vergessen!

ZERLASSEN:

Butter auf niedriger Temperatur schmelzen. Wenn Butter zu stark erhitzt wird, wird sie schnell braun.

ZITRONENZESTE:

Dünne Streifen aus der Schale von Zitrusfrüchten.

BESONDERE ZUTATEN:

ESSBARE BLÜTEN:

Hauptsächlich hübsche Deko, aber im Gegensatz zu anderen Blüten garantiert ungiftig. Findet man in gut sortierten Supermärkten.

HANFKRÄUTER- UND HANFÖL:

Gibt es im Reformhaus und hat nichts mit Drogen zu tun.

HELLER SIRUP:

Ein Glukosesirup, den man eigentlich in jedem Supermarkt bekommt.

JAPANISCHE AUBERGINE:

Hier in Deutschland noch nicht ganz so verbreitete Variante der Aubergine. Sie ist länger, dünner und etwas heller als die übliche Aubergine.

KUMATO-TOMATE:

Eine spezielle Züchtung. Die Tomate ist trotz ihrer braungrünen bis rotbraunen Färbung reif und schmeckt angenehm süß.

PANKOMEHL:

Ein helles, sehr grobes Paniermehl aus der asiatischen Küche.

SRIRACHA MAYOO SAUCE:

Eine Chili-Mayonnaise, die es im Asia-Markt gibt.

VANILLEMARK:

Die kleinen schwarzen Pünktchen im Inneren der Vanilleschote. Mit Zucker vermischt erhält man selbst gemachten Vanillezucker. Noch einfacher geht es, wenn ausgekratzte Vanilleschoten, mit denen man sonst nichts anfangen kann, zusammen mit Zucker in einem verschlossenen Gefäß aufbewahrt werden. Der Zucker nimmt das Vanillearoma schnell an.

Making-of

DAS WAR'S, LEUTE! Ich hatte ja keine Ahnung, wie aufwendig es ist, so viele Bilder und Rezepte zu kreieren! Aber ich finde, der Aufwand hat sich gelohnt.

Und das Beste an der ganzen Aktion? Natürlich, dass ich die Gerichte allesamt verputzen konnte, nachdem ich sie gekocht und angerichtet hatte! In diesem Sinne: Wohl bekomm's!

Danke!

DIE REZEPTE WURDEN GESAMMELT, die Fotos geschossen und Hunderte Telefonate geführt. Das Buch ist fertig! Und nun bleibt mir nur noch, Danke zu sagen.

Nie hätte ich mir erträumt, mal ein eigenes Kochbuch schreiben zu können! Auf dem Weg dahin habe ich gelernt, dass man genau zwei Dinge dafür braucht: eine große Portion Selbstvertrauen und eine noch größere Portion Wahnsinn. Zum Glück verfügt mein Verlag Community Editions über genau diese Eigenschaften. Denn ohne sein Vertrauen in die eigenen, aber ganz besonders in meine Fähigkeiten, hätte dieses Projekt nicht funktioniert. Das war wirklich Wahnsinn! Danke, Mirka! Danke, dass du mir immer zur Seite gestanden bist, während ich versucht habe, das Ruder nicht aus den Händen zu geben, und du alles in deiner Macht Stehende getan hast, damit das Boot (auch mit ein paar Umwegen) irgendwann sicher in den Hafen gesegelt ist.

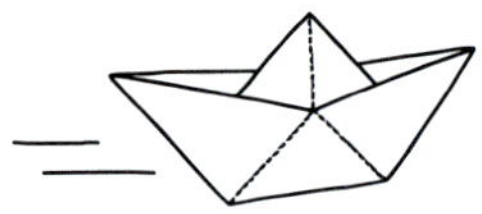

NATÜRLICH MUSSTE WENIGSTENS EINE NORDISCH-BY-NATURE-METAPHER REIN.

Ein großer Dank geht auch an mein Netzwerk Studio71 raus, die mir seit Jahren helfen, im YouTube-Chaos nicht den Durchblick zu verlieren. Liebe Marina, hiermit überreiche ich dir einen Blumenstrauß, den du, nach meinen wechselhaften Launen, mehr als verdient hast.

Jetzt seid ihr dran, liebe Leserinnen und Leser, meine Community und meine Waschbecken. Ich weiß nicht, was in euch gefahren ist. Ihr schenkt mir so viel positives Feedback durch eure Nachrichten, Kommentare oder einfach nur durchs Anschauen meiner Videos, dass ich nur dank euch genau da bin, wo ich auch sein möchte. Danke für jeden einzelnen Tag, an dem ich Malwanne sein darf und für euch die verrücktesten Rezepte ausprobieren kann – oder Zwiebeln schneiden muss, bis ich heule.

Mein letzter Dank geht an die Person, ohne die ich sicher mittendrin das Küchentuch geworfen hätte. Mein Kameramann und jetzt auch Food-Fotografie-Spezialist Timo! Blauäugig sind wir in dieses Projekt gestartet. Es gab zwar einen groben Plan, aber den haben wir genauso oft umgeworfen wie irgendwelche Teller und Töpfe. Es war der heißeste Sommer, und genau den mussten wir rund um die Uhr in der Küche verbringen. Statt im Freibad nach Abkühlung zu suchen, bist du an meiner Seite geblieben und hast auch nach dem neunten Schokoladen-Apfel-Versuch nicht aufgegeben.

Dafür werde ich dir immer dankbar sein.

WIE
SCHMECKT'S
Q=cmΔt
ソードアート・オンライン